Ebene

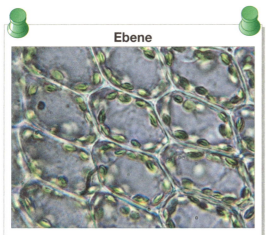

Komplexe biologische Strukturen sind immer aus kleineren und einfacheren Strukturen zusammengesetzt. Diese Stufen werden als Ebene bezeichnet. Eine höher entwickelte Pflanze besteht aus Organen wie Blatt, Sprossachse und Wurzel. Diese werden von Geweben gebildet, die aus Zellen zusammengesetzt sind, welche wiederum Zellorganellen enthalten.

Stoff und Energie

Stoffe und Energie sind die Grundlage des Lebens. Dabei sind Zellen die kleinsten Bausteine der Lebewesen, in denen Stoff- und Energiewechselvorgänge ablaufen. Bei der Assimilation werden Stoffe aus der Umwelt aufgenommen und umgebaut. Samenpflanzen betreiben Fotosynthese und wandeln dabei Lichtenergie in chemisch gebundene Energie um. Dissimilation ist dagegen ein Stoffabbau, bei dem Energie für die Lebensprozesse der Organismen bereitgestellt wird.

Wechselwirkung

Alle Lebewesen stehen in bestimmten Beziehungen, die auf verschiedenen Ebenen stattfinden können:
- → zwischen Lebewesen und ihrer Umwelt (Ökologie)
- → zwischen den Lebewesen (Verhalten)
- → zwischen Organen/Organsystemen der Lebewesen (Stoffwechsel)

Hier kommt es jeweils zu Ursache-Wirkungsbeziehungen und damit zu einer gegenseitigen Beeinflussung. So bestäuben Kolibris bevorzugt röhrenförmige rote Blüten, die ihnen Nektar anbieten. Diese Wechselwirkung bezeichnet man als Bestäubungssymbiose.

Zeit

Zeit ist eine Dimension, in der alle biologischen Phänomene ablaufen. Alle lebenden Systeme unterliegen zeitlichen Veränderungen.
So können in Ökosystemen verschiedene Entwicklungsstadien aufeinanderfolgen. Sie unterscheiden sich in der Zusammensetzung ihrer Lebensgemeinschaften. Man bezeichnet diesen Vorgang als Sukzession. Dabei treten zum Beispiel ganz unterschiedliche Pflanzengruppen auf. Beim Endstadium eines verlandenden Sees dominieren Moorpflanzen wie Wollgras und Sonnentau.

Netzwerk Biologie 9
Sachsen

Herausgegeben von
Antje Starke

Bearbeitet von
Michael Kampf, Leipzig
Claudia Polzin, Berlin
Antje Starke, Leipzig

In Teilen ist dieses Werk eine Bearbeitung von Netzwerk Biologie und Erlebnis Biologie.
Herausgegeben von
Hans-Günther Beuck, Dieter Cieplik, Joachim Dobers, Wolfgang Jungbauer, Michael Kampf, Hans-Peter Konopka, Erhard Mathias, Eckhard Philipp, Günter Rabisch, Karl-Heinz Scharf, Antje Starke, Annely Zeeb,

Bestellnummern:
3-507-86401-0, 3-507-86412-6, 3-507-86413-4, 3-507-86418-5, 3-507-86431-2
3-507-86432-0, 3-507-86433-9, 3-507-86438-X, 3-507-86440-1, 3-507-86442-8
3-507-86448-7, 3-507-86452-5, 3-507-86456-8, 3-507-86458-4, 3-507-77001-6
3-507-76180-7, 3-507-76181-5, 3-507-76333-8, 3-507-76385-0, 3-507-76627-2
3-507-76629-9, 3-507-76802-X, 3-507-76815-1, 3-507-76819-4, 3-507-76821-6
3-507-76825-9, 3-507-76827-5

© 2006 Bildungshaus Schulbuchverlage
Westermann Schroedel Diesterweg Schöningh Winklers GmbH, Braunschweig
www.schroedel.de

Das Werk und seine Teile sind urheberrechtlich geschützt. Jede Nutzung in anderen als den gesetzlich zugelassenen Fällen bedarf der vorherigen schriftlichen Einwilligung des Verlages. Hinweis zu § 52 a UrhG: Weder das Werk noch seine Teile dürfen ohne eine solche Einwilligung gescannt und in ein Netzwerk eingestellt werden. Dies gilt auch für Intranets von Schulen und sonstigen Bildungseinrichtungen.
Auf verschiedenen Seiten dieses Buches befinden sich Verweise (Links) auf Internet-Adressen. Haftungshinweis: Trotz sorgfältiger inhaltlicher Kontrolle wird die Haftung für die Inhalte der externen Seiten ausgeschlossen. Für den Inhalt dieser externen Seiten sind ausschließlich deren Betreiber verantwortlich. Sollten Sie bei dem angegebenen Inhalt des Anbieters dieser Seite auf kostenpflichtige, illegale oder anstößige Inhalte treffen, so bedauern wir dies ausdrücklich und bitten Sie, uns umgehend per E-Mail davon in Kenntnis zu setzen, damit beim Nachdruck der Verweis gelöscht wird.

Druck A^2 / Jahr 2007

Alle Drucke der Serie A sind im Unterricht parallel verwendbar.

Redaktion: Dirk Wenderoth

Illustrationen: Brigitte Karnath, Liselotte Lüddecke, Karin Mall, Tom Menzel, Heike Möller, Kerstin Ploß, Thilo Pustlauk, Barbara Schneider, Ingrid Schobel, Werner Wildermuth

Grundlayout und Pinnwände: Atelier *tiger*color Tom Menzel

Einbandgestaltung: Janssen Kahlert Design & Kommunikation GmbH

Gesamtherstellung: Stürtz GmbH, Würzburg

ISBN 978-3-507-86515-0

Netzwerk BIOLOGIE

Erschließungsfeld
Zeit
Zeit ist eine Dimension, in der alle biologischen Phänomene ablaufen. Alle lebenden Systeme unterliegen zeitlichen

Erschließungsfelder ermöglichen dir die Gemeinsamkeiten von Lebewesen zu erkennen. Sie werden an geeigneten Beispielen und Themen erläutert. Du findest diese Gemeinsamkeiten aber bei allen Lebewesen. Auf welchen Seiten im Buch du die Erschließungsfelder findest, kannst du hinten im Register nachschlagen.

Fachbegriff
Produzenten
Alle autotrophen Pflanzen sind Produzenten. Sie bilden das erste Glied

Die Fachsprache spielt in der Biologie eine große Rolle. Eindeutige Begriffe erleichtern dir zum Beispiel das Verständnis von Fachtexten.

Vernetze dein Wissen

Auf den Seiten Vernetze dein Wissen am Ende des Kapitels werden die behandelten Themen und Erschließungsfelder durch Aufgaben wiederholt und vernetzt. Hier kannst du überprüfen, ob du bereits Gelerntes anwenden und auf neue Themen übertragen kannst.

Auf den Methodenseiten werden grundlegende biologische und fachübergreifende Arbeitstechniken vorgestellt, die du gleich anwenden kannst.

Übung

Übungsseiten bieten zusätzliche materialgebundene Aufgaben und Versuche an. Hier kannst du das jeweilige Thema in Experimenten und durch andere methodische Arbeitsweisen erarbeiten. Einige Seiten zeigen dir Material für Exkursionen.

Pinnwand

Pinnwandseiten bieten dir zusätzliche biologische Inhalte im Sinne eines Lexikons. Sie geben dir vielfältige Informationen zur Artenvielfalt oder vertiefen spezielle Inhalte wie Fruchtformen oder Parasitismus. So kannst du deine Allgemeinbildung und deine biologischen Kenntnisse verbessern.

Streifzug

Im Streifzug wird fachübergreifend gearbeitet. Auf den Seiten Streifzug durch… werden die biologischen Themen durch Informationen aus der Physik, Medizin, Erdkunde, Geschichte und anderen Fächern ergänzt.

Wahlpflichtbereich: Mikrokosmos Wiese

Graue Überschriften zeigen dir die Themen an, die für den Wahlpflichtbereich angeboten werden. Diese Bereiche sind besonders handlungsorientiert und können in Gruppen erarbeitet werden. Hier kannst du die neuen Inhalte auch gleich in Übungen anwenden oder mit neuen Methoden verknüpfen.

Inhalt

Bau und Leistungen der Samenpflanzen

1 Formenvielfalt und Ordnung im Pflanzenbereich 6
1.1 Pflanzen in vielerlei Gestalt 6
1.2 Merkmale von Samenpflanzen 8

2 Bau und Funktion der Wurzel 10
Streifzug durch die Physik:
Diffusion und Osmose 11

3 Bau und Funktion von Sprossachsen 12

4 Bäume und Sträucher sind Holzpflanzen ... 14
Pinnwand: Dickenwachstum bei Bäumen ... 15
Übung: Wasserhaushalt 16

5 Pflanzen sind reizbar 18
Pinnwand: Reizbarkeit und Bewegung 19

6 Bau und Funktion der Laubblätter 20
Übung: Mikroskopieren von Blättern 21

7 Stoffwechsel der Pflanze 22
7.1 Pflanzen produzieren ihre Nährstoffe selbst
– die Fotosynthese 22
Streifzug durch die Chemie:
Reaktionen der Fotosynthese 24
Methode: Anwenden der Erschließungsfelder
auf Pflanzen 25
Übung: Fotosynthese 26
Streifzug durch die Geschichte:
PRIESTLEY entdeckt „Luftverbesserer" 27
7.2 Die Fotosynthese hängt von verschiedenen
Umweltfaktoren ab 28
7.3 Verwertung der Fotosyntheseprodukte 29
7.4 Grüne Pflanzen – Grundlage des Lebens 30
Pinnwand: Leistungen der Pflanzen 31
7.5 Pflanzen atmen auch 32
Übung: Stoffwechsel grüner Pflanzen 34
7.6 Pflanzen und Tiere sind voneinander
abhängig 35
7.7 Unter den Pflanzen gibt es Halb- und
Vollschmarotzer 36
Pinnwand: Halb- und Vollschmarotzer 37

Wahlpflichtthema:
Von der Gerste zum Bier

1 Stoffabbau ohne Sauerstoff – die Gärung ... 38
Methode: Eine Mappe zu einem Thema
anlegen 39
2 Pilze nutzen dem Menschen 40
Übung: Gärungsprozesse nutzen 41
3 Von der Gerste zum Bier 42

8 Geschlechtliche Fortpflanzung bei Samenpflanzen 44
8.1 Fortpflanzung bei Süßkirschen 44
8.2 Blüten werden unterschiedlich bestäubt 46
Übung: Blüten 48
Pinnwand: Fruchtformen 49
8.3 Verbreitung von Früchten und Samen 50
Pinnwand: Ungeschlechtliche Vermehrung
der Samenpflanzen 53
8.4 Verwandte Pflanzen zeigen gemeinsame
Merkmale 54
Übung: Kennübungen an Samenpflanzen ... 56
Methode: Arbeit mit Bestimmungsliteratur ... 58
Methode: Herbarisieren nach ausgewählten
Schwerpunkten 59

Vernetze dein Wissen:
Bau und Leistungen der Samenpflanzen 60

Wahlpflichtthema:
Moose, Farne und Pilze

1 Moose 62
1.1 Moose sind Wasserspeicher und Pionier-
pflanzen 62
1.2 Moose zeigen einen Generationswechsel ... 63
2 Farne 64
Pinnwand: Moose und Farne 66
3 Pilze 68
Pinnwand: Vielfalt der Pilze 69

Zusammenhänge im Ökosystem

1 Nicht alle Ökosysteme sind gleich 70
2 Der See 72
2.1 Zonierung des Sees 72
2.2 Die Jahreszeiten am See 74
2.3 Lebensbedingungen in einem See 75
Übung: Chemisch-physikalische
Eigenschaften des Wassers 76
2.4 Pflanzen am und im Gewässer 78
Pinnwand: Pflanzen des Sees 79
2.5 Phytoplankton 80
Übung: Planktonuntersuchung 81
Übung: Wasserpflanzen untersuchen 82
2.6 Wasservögel sind den Zonen des Sees
angepasst 84
Pinnwand: Wasservögel 85

Inhalt

2.7	Zooplankton und Wirbeltiere	86
	Übung: Wasserinsekten	87
2.8	Nahrungsbeziehungen im See	88
2.9	Ein See altert	90
2.10	Belastungen eines Sees	92
	Streifzug durch die Sozialkunde: Was wird aus dem Baggersee	94
2.11	Gefährdung von Pflanzen und Tieren	95
2.12	Naturschutz in Sachsen	96
	Pinnwand: Renaturierungsmaßnahmen	97
2.13	Wir gehen auf Exkursion	98
	Methode: Simulationen	100
	Methode: Diagramme erstellen und auswerten	101
	Übung: Wasseruntersuchungen	102
	Projekt: Schulteich	106

Wahlpflichtthema: Mikrokosmos Wiese

1	**Wiesenpflanzen im Jahreslauf**	108
	Pinnwand: Häufig vorkommende Wildgräser	109
	Pinnwand: Wiesenpflanzen	110
	Übung: Wiese	111
2	**Nahrungsbeziehungen zwischen den Lebewesen der Wiese**	112
3	**Zusammenwirken von abiotischen Umweltfaktoren**	114

4	**Licht als abiotischer Faktor**	116
4.1	Licht- und Schattenpflanzen	116
4.2	Licht- und Schattenblätter	118
4.3	Pflanzen sind an den Wasserfaktor angepasst	119
5	**Zeigerpflanzen geben Hinweise auf den Standort**	120
	Pinnwand: Zeigerpflanzen	121
6	**Tiere und Temperatur**	122
7	**Biotische Faktoren**	124
	Pinnwand: Parasitismus bei Tieren	127
8	**Zusammenleben von Tieren**	128
	Pinnwand: Sozialverbände	129
9	**Selbstregulation im Ökosystem**	130
9.1	Populationen verändern sich	130
9.2	Fortpflanzungsstrategien	133
10	**Aufbau von Biomasse**	134
	Pinnwand: Das „ökologische Gleichgewicht"	135
11	**Energiefluss im Ökosystem Wald**	136
12	**Stoffkreisläufe im Wald**	137

Vernetze dein Wissen: Zusammenhänge im Ökosysteme 138

Register 142
Bildquellen 145

1 Gartenausschnitt. **A** Laubmoos; **B** Lebermoos; **C** Farn; **D** Nacktsamer; **E** Bedecktsamer

1 Formenvielfalt und Ordnung im Pflanzenreich

1.1 Pflanzen in vielerlei Gestalt

Es ist Sommer. Im Garten blühen Lilien, Margeriten, Mohn und Rittersporn. Dazwischen sieht man verschiedene Grüntöne. Dunkelgrün schimmern die Blätter der Pfingstrose, silbergrün die Nadeln der Blaufichte. Alle grünen Pflanzen besitzen den Blattfarbstoff **Chlorophyll.** Mit dessen Hilfe können sie die Energie des Sonnenlichtes nutzen, um organische Stoffe zu produzieren. Pflanzen sind die Voraussetzung für alles Leben auf der Erde.

Erste Algen im Wasser gab es bereits vor etwa zwei Milliarden Jahren. Einfache Landpflanzen besiedelten vor 400 Millionen Jahren das Festland. Seit dieser Zeit haben sich viele verschiedene Pflanzenformen entwickelt. Sie sind an die unterschiedlichsten Lebensräume angepasst. Man unterscheidet heute fünf große Pflanzengruppen.

Die **Algen** gehören zu den einfach gebauten Pflanzen. Ihre Größe variiert erheblich: von mikroskopisch kleinen Einzellern bis meterlangen Vielzellern. So sind viele einzellige Algen kleiner als einen Millimeter. Mehrzellige Algenarten weisen häufig fadenförmige oder flächige Vegetationskörper auf. Beim *Riesentang,* einer Braunalge, erreichen einzelne Exemplare eine Länge von über 100 Metern. Die meisten Algenarten kommen in Gewässern vor.

Die anderen Pflanzengruppen sind ebenfalls vielgestaltig. Zu ihnen zählen Moose, **Flechten,** Farn- und Samenpflanzen.

Zu den **Moosen** gehören die *Lebermoose,* die meist eine einfache, blattähnliche Gestalt haben. *Laubmoose* dagegen sind in Stängel und Blättchen gegliedert. Rhizoide verankern die Pflanze im Boden. Moose vermehren sich durch Sporen und gehören deshalb zu den Sporenpflanzen. Sie besiedeln meist feuchte Lebensräume.

Eine weitere große Gruppe der Sporenpflanzen sind die **Farnpflanzen.** Zu ihnen zählen Farne, Schachtelhalme und Bärlappe. Sie sind Sprosspflanzen und gliedern sich in Spross und Wurzel. Bei den Farnen gibt es krautige und baumartige Pflanzen.

Die **Samenpflanzen** tragen Blüten und bilden Samen aus. Im Samen geschützt liegen der Embryo und das Nährgewebe. So können Samenpflanzen ungünstige Umweltbedingungen wie Kälte und Trockenheit über lange Zeiträume hinweg überdauern. Sie kommen deshalb in fast allen Lebensräumen vor. Bei einigen Samenpflanzen liegen die Samenanlagen offen auf den Fruchtblättern. Diese Pflanzen nennt man *Nacktsamer.* Bei den *Bedecktsamern* sind die Samenanlagen dagegen im Fruchtknoten eingeschlossen.

6

Bau und Leistungen der Samenpflanzen

Nicht immer kann man von der Gesamtgröße einer Pflanze auf die Größe ihrer Organe schließen. Die *Riesen-Mammutbäume* Kaliforniens sind mit etwa 135 Metern die höchsten Landpflanzen. Sie bilden aber nur kleine Nadeln und winzige Samen aus.

Die Riesenseerose der Gattung *Victoria* zeichnet sich durch besonders große Blüten mit bis zu 40 Zentimetern Durchmesser aus. Sie öffnen sich nur in zwei Nächten. Sie besitzt auch die größten Schwimmblätter im Pflanzenreich. Die Blätter können einen Durchmesser von zwei Metern erreichen und sogar ein Kind tragen. Wild kommt diese Seerose im Verlandungsgebiet des Amazonas in Südamerika vor.

Die größten Blüten einer Pflanze wurden 1818 in Sumatra entdeckt. Dort wächst im tropischen Regenwald ein Parasit, die *Rafflesia*. Sie lebt auf den Wurzeln wilder Weinarten und bildet keine Blätter aus. Die rotbraun gefleckten Blüten haben einen Durchmesser von etwa einem Meter und können bis zu sieben Kilogramm wiegen. Sie liegen wie ein großer offener Kessel auf dem Boden, stinken faulig und locken so Aasfliegen zur Bestäubung an.

Im Pflanzenreich gibt es nicht nur Riesen. Die Zwergbäume der Tundra oder des Hochgebirges erreichen durch die extremen Lebensbedingungen nur eine geringe Höhe. In solchen Lebensräumen wachsen auch 50 Zentimeter hohe Zwergbirken und nur 10 Zentimeter hohe Kriechweiden.

Die kleinste Samenpflanze gedeiht im Wasser. Es ist eine *Zwergwasserlinse* in Australien. Sie wird nur 0,6 Millimeter lang und wiegt 0,0015 Gramm. Unsere heimische Zwergwasserlinse ist ebenfalls sehr klein. Sie erreicht einen Durchmesser von einem Millimeter und schwimmt auf der Wasseroberfläche. Meist vermehrt sie sich ungeschlechtlich.

> Grüne Pflanzen besitzen Chlorophyll und betreiben Fotosynthese. Sie weisen eine große Formenvielfalt auf. Die größten und ältesten Lebewesen zählen zu den Pflanzen. Man unterscheidet fünf große Pflanzengruppen voneinander: Algen, Flechten, Moose, Farn- und Samenpflanzen.

1 Nenne je zwei Beispiele zu Abb. 1 A, C, D und E.
2 Informiere dich über Pflanzenrekorde. Stelle zwei Beispiele vor. Nutze z. B. das Guinnessbuch der Rekorde oder das Internet.
3 Die Riesenseerose Victoria ist eine Samenpflanze. Begründe diese Aussage.
4 Wende das Erschließungsfeld „Vielfalt" auf Samenpflanzen an.

2 Rekordhalter unter den Pflanzen. A Riesen-Mammutbaum; **B** Rafflesia; **C** Victoria; **D** Zwergwasserlinse

Bau und Leistungen der Samenpflanzen

1.2 Merkmale von Samenpflanzen

Betrachtet man Taubnesselpflanzen, so fallen die Blüten auf. Aus ihnen entwickeln sich die Samen. Pflanzen, die Blüten aufweisen, aus denen sich Samen bilden, heißen Blüten- oder **Samenpflanzen.** Bis heute wurden etwa 250 000 verschiedene Arten von Samenpflanzen beschrieben. Alle Samenpflanzen haben einen gemeinsamen Bauplan, der am Beispiel der Gefleckten Taubnessel gut zu erkennen ist.

Die unterirdischen **Wurzeln** sind verzweigt und geben der Pflanze Halt. Sie dienen außerdem der Aufnahme von Wasser mit den Nährsalzen. Bei vielen Samenpflanzen kann man eine dickere Hauptwurzel und dünnere Seitenwurzeln unterscheiden.

Der oberirdische vierkantige Stängel, die **Sprossachse** der Taubnessel, trägt die Laubblätter und Blüten. Stängel und Blätter bilden den **Spross.** Der Stängel ist hohl; in seinen Randbereichen findet man Wasserleitungsbahnen und Festigungsgewebe. Die Sprossachse verläuft auch unterirdisch. Man spricht von Erdspross, da dieser Teil des Stängels ebenfalls Blätter, die Schuppenblätter, entwickelt.

Die Gestalt der dreieckig-eiförmigen und am Blattrand gesägten **Laubblätter** ähnelt Brennnesselblättern. Am Stängel sind sie bei der Taubnessel kreuzweise gegenständig angeordnet. Beim Laubblatt unterscheidet man Blattgrund, Blattstiel und die Blattfläche mit netzartigen Blattadern und einer Blattspitze.

Eine **Blüte** besteht aus Blättern, die zusammen der Fortpflanzung dienen. Sie entspringen einem stark verkürzten Abschnitt der Sprossachse, dem Blütenboden. Man unterscheidet von außen nach innen Kelchblätter, Kronblätter, Staubblätter und die zum Stempel verwachsenen Fruchtblätter. Die Blüte der Taubnessel besteht aus einem fünfzipfeligen Kelch. Es folgen fünf Kronblätter, die unten zu einer Röhre verwachsen sind. Zwei Kronblätter bilden die Oberlippe, drei Kronblätter die Unterlippe. Weiter innen sieht man zwei kürzere und zwei längere Staubblätter und im Zentrum der Blüte den Stempel mit dem Fruchtknoten. Der Fruchtknoten zerfällt bei der Reife in vier Teilfrüchte, die die **Samen** enthalten. Sie werden von Ameisen verbreitet.

Besonders gut kann man die Anordnung der Blütenteile in einem **Blütengrundriss** erkennen. Einen Blütengrundriss erhält man, wenn man eine geschlossene Blüte etwa in der Mitte quer durchschneidet. In den Abbildungen 1C und 1D sind die verschiedenen Blütenteile durch verschiedene Farben gekennzeichnet.

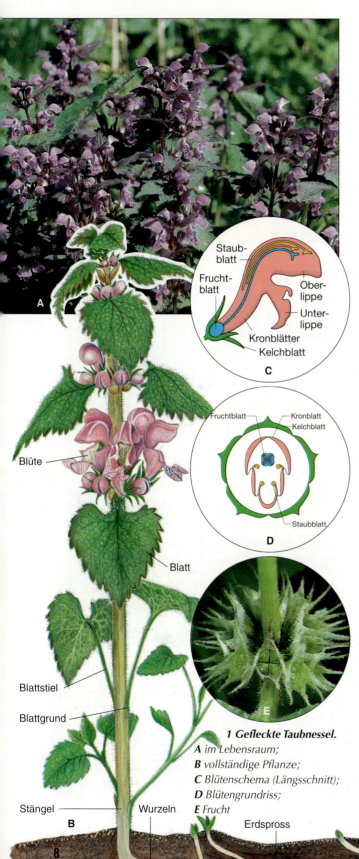

1 Gefleckte Taubnessel.
A im Lebensraum;
B vollständige Pflanze;
C Blütenschema (Längsschnitt);
D Blütengrundriss;
E Frucht

Bau und Leistungen der Samenpflanzen

Da alle Gefleckten Taubnesseln die beschriebenen Merkmale besitzen und sich miteinander fortpflanzen, fasst man sie zu einer **Art** zusammen.

Das Pflanzenreich wird in verschiedene Abteilungen unterteilt. Um sich in der großen Vielfalt der Abteilung Samenpflanzen zurechtzufinden, ordnet man sie in einem System. Pflanzen, deren Samenanlagen frei auf dem Fruchtblatt liegen, gehören zur Unterabteilung **Nacktsamer,** während Pflanzen mit im Fruchtknoten eingeschlossenen Samen zur Unterabteilung **Bedecktsamer** zählen. Von der Unterabteilung über die *Klasse,* die *Ordnung,* die *Familie,* die *Gattung* bis zur Art werden die Ähnlichkeiten der Pflanzen innerhalb einer Verwandtschaftsgruppe immer größer. Die gemeinsamen Merkmale der zur Klasse der **Einkeimblättrigen** gehörenden Pflanzen sind in Abbildung 2 aufgelistet. Dasselbe gilt für gemeinsame Merkmale der **Zweikeimblättrigen.**

Pflanzennamen bestimmt man anhand ihrer charakteristischen Merkmale. So sind zum Beispiel für die Familie der Lippenblütengewächse, zu der auch die Gefleckte Taubnessel zählt, der vierkantige Stängel, die gegenständigen Blätter und die Blütenform typisch. Diese und alle weiteren Merkmale sind in Pflanzenbestimmungsbüchern aufgelistet. In ihnen werden oft Merkmalspaare angeboten. Am Ende jeder Zeile mit einer Merkmalsbeschreibung steht eine Ziffer, die im folgenden Teil des Bestimmungsschlüssels am Anfang einer Zeile wiederholt wird. Ist eines der Merkmale charakteristisch für die zu bestimmende Pflanze, so wird man von diesem Merkmal zum nächsten Merkmalspaar geführt. Dort wählt man erneut das charakteristische Merkmal aus, um dann zu einem weiteren Merkmalspaar zu gelangen. Dieser Vorgang wiederholt sich solange, bis man den Pflanzennamen erreicht. Einen solchen *Bestimmungsschlüssel* nennt man gegabelt oder *dichotom.*

> Gemeinsames Merkmal aller Samenpflanzen ist die Samenbildung. Man ordnet Pflanzen in ein System aus Abteilungen, Klassen, Ordnungen, Familien, Gattungen und Arten ein.

1 Erstelle einen gegabelten Bestimmungsschlüssel für fünf blühende Samenpflanzen.

2 Ordne folgende Blütenpflanzen den Nacktsamern, Bedecktsamern, Einkeimblättrigen oder Zweikeimblättrigen zu: Kiefer, Fichte, Buche, Eiche, Taubnessel, Weizen, Tulpe.

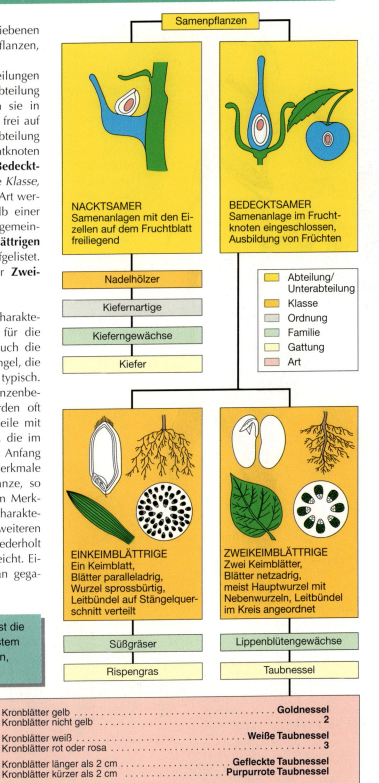

2 Systematische Übersicht und Bestimmungsschlüssel (Ausschnitt)

Bau und Leistungen der Samenpflanzen

2 Bau und Funktion der Wurzel

Mais ist eine bekannte heimische Nutzpflanze mit goldgelben Samen, die im Frühjahr ausgesät werden. Nach dem Keimen des Samens bildet sich ein ausgedehntes *Wurzelsystem.* Gleichzeitig wächst die Pflanze in die Höhe. Bis zum Herbst ist aus dem Samen eine bis zu zwei Meter hohe, erntereife Pflanze herangewachsen. In dieser Zeit hat sie 200 l Wasser aufgenommen. Wie aber gelangt die Pflanze an dieses Wasser? Sehen wir uns dazu die Wurzeln an.

Wurzeln wachsen nur in der **Zellteilungszone** ihrer Spitze. Dort liegt ein zartes *Bildungsgewebe,* in dem durch ständige Zellteilungen neue Zellen entstehen. Das Bildungsgewebe wird von der *Wurzelhaube* umhüllt, deren äußere Zellen verschleimen und so das Eindringen der Wurzel in den Boden erleichtern.

An die Zellteilungszone schließt sich die **Streckungszone** an. Hier wachsen die Zellen in die Länge.

Die Streckungszone geht in die **Wurzelhaarzone** über. Diese ist für die Aufnahme von Wasser verantwortlich. Hier wachsen die meisten Zellen der *Rhizodermis* zu dünnen *Wurzelhaarzellen* aus. Diese schieben sich zwischen die Bodenteilchen und erreichen dort das haftende Wasser mit den darin gelösten Mineralstoffen. Über ihre zarten Zellwände nehmen sie das Wasser durch Diffusion auf.

Das Wasser wird über Zellen der *Wurzelrinde* bis zum *Zentralzylinder* weitergeleitet. Dort gelangt es in ein *Leitgewebe,* von dem aus es in alle Teile der Pflanze emporsteigt. Wie läuft dieser Vorgang genau ab?

Die Wurzelhaarzellen der Rhizodermis vergrößern die Wurzeloberfläche bis auf das Zwölffache. Das Wasser wird zunächst in die Außenwände der Rhizodermiszellen aufgenommen. Von hier kann es auf zwei Wegen in den Zentralzylinder zu den Leitungsbahnen gelangen:

1. Das Wasser dringt als Kapillarwasser durch das Zellwandsystem der Wurzelrindenzellen bis zur

1 Stofftransport in der Pflanze

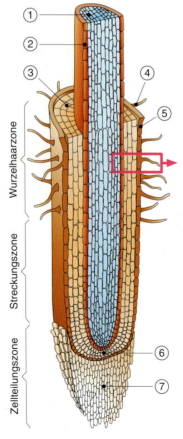

2 Wurzelspitze im Schnitt.
① *Zentralzylinder* ② *Endodermis*
③ *Wurzelrinde* ④ *Wurzelhaar*
⑤ *Rhizodermis* ⑥ *Bildungsgewebe*
⑦ *Wurzelhaube*

Bau und Leistungen der Samenpflanzen

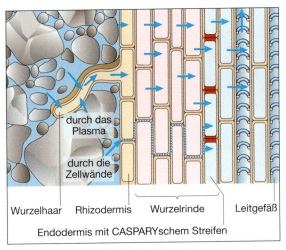

3 *Wasseraufnahme durch die Wurzel*

Endodermis, einer den Zentralzylinder umgebenden Zellschicht, vor. Es umgeht also das Zellplasma der Rindenzellen. Der wasserundurchlässige *CASPARYsche Streifen* in den Radialwänden der Endodermiszellen stellt aber ein Hindernis für das Wasser dar. Der weitere Weg in den Zentralzylinder ist nur durch die Zellmembran und das Zellplasma der Endodermiszellen möglich.

2. Das Wasser wird osmotisch in die Rhizodermiszellen aufgenommen. Da das Bestreben der Rindenzellen, auf osmotischem Wege Wasser aufzunehmen, von außen nach innen in der Rinde ansteigt, wird das Wasser von Zelle zu Zelle ebenfalls bis zur Endodermis weitergeleitet. Das gesamte Wasser mit den darin gelösten Ionen muss nun durch das Zellplasma der Endodermiszellen geschleust werden. Hier liegt die „Kontrollstelle" für den Eintritt der Stoffe in den Zentralzylinder der Wurzel.
Durch die Endodermis gelangt das Wasser über einen aktiven Transport in die Leitungsbahnen des Zentralzylinders der Wurzel und von dort weiter in die Leitbündel der Sprossachse.

> Wurzeln verankern die Pflanze im Boden und nehmen Wasser und darin gelöste Mineralstoffe auf.
> Die Wasseraufnahme erfolgt durch Wurzelhaarzellen. Dabei spielen Diffusions- und Osmoseprozesse eine Rolle.

1 Beschreibe die Wasseraufnahme durch die Pflanze.
2 Wende das Erschließungsfeld „Struktur und Funktion" auf die Endodermis an.

Streifzug durch die Physik

Diffusion und Osmose

Man unterschichtet reines Wasser mit einer konzentrierten Kaliumpermanganatlösung. Nun streben die Wassermoleküle so lange in Richtung Farbstofflösung, bis diese überall die gleiche Konzentration hat. Möglich wird dies durch die thermische Eigenbewegung der Teilchen (BROWNSCHE Bewegung). Eine solche Durchmischung im Raum bezeichnet man als **Diffusion.** Sie tritt immer ein, wenn zwischen mischbaren Stoffen ein Konzentrationsgefälle besteht und ist von der Temperatur und der Teilchengröße abhängig.
Steht diesem Konzentrationsausgleich eine Membran mit winzigen Poren im Wege, so können nur kleine Moleküle hindurchtreten. Bringt man z. B. eine mit Zuckerlösung gefüllte Schweinsblase in ein Gefäß mit Wasser, so dringen die kleinen Wassermoleküle in die Blase. Die größeren Zuckermoleküle dagegen können nicht nach außen gelangen. Deshalb fließt ständig Wasser nach innen. So entsteht in der Blase ein Druck, der zum Anstieg der Flüssigkeit in einem angeschlossenen Steigrohr führt. Eine solche Diffusion durch eine halbdurchlässige Membran bezeichnet man als **Osmose.**

1 Erläutere mithilfe der folgenden Abbildungen den Wassertransport durch eine Wurzelhaarzelle.

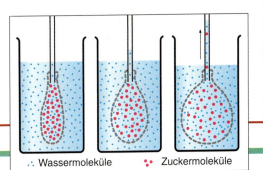

Struktur von Ökosystemen

1 Waldrebe

2 Zuckerrohr

3 Buschwindröschen

4 Kakteen

3 Bau und Funktion der Sprossachse

Sprossachsen spielen für den Menschen eine wichtige Rolle als Rohstoff- und Nährstofflieferant. Holz, Stroh, Kartoffeln, Spargel oder Bambus sind Beispiele dafür.

Für die Pflanzen erfüllen Sprossachsen verschiedene wichtige Aufgaben. Zum einen tragen sie die Blätter und Blüten. Zum anderen dienen sie dem Transport von Wasser und gelösten Nährsalzen von der Wurzel zum Blatt. Umgekehrt wird in ihnen Zucker von den Blättern in die Wurzel transportiert.
Die Hauptkraft der Wasserleitung beruht auf der Saugwirkung, die durch die **Transpiration** an den Blättern hervorgerufen wird: Blattzellen, die durch Verdunstung Wasser verlieren, ergänzen dieses aus den Wasserleitungsbahnen. In den Gefäßen entsteht dadurch ein Unterdruck, der zum Nachsaugen des Wassers führt. Die *Kohäsionskräfte* zwischen den Wasserteilchen ermöglichen es, dass der Wasserfaden trotz der hohen Zugspannung nicht reißt. Die *Adhäsionskräfte* sorgen dafür, dass sich das Wasser nicht von den Gefäßwänden ablöst. So kann es wie in einem Rohr langsam nach oben steigen. Durch diesen **Transpirationssog** werden große Wassermengen transportiert: Eine etwa zwei Meter hohe Sonnenblume verdunstet an einem heißen Sommertag etwa einen Liter Wasser, eine große Birke sogar rund 300 Liter.

Manche Sprossachsen erfüllen Sonderfunktionen: so klettern Waldrebe und Zaunwinde mit ihren Sprossachsen. Säulenkakteen speichern in ihren Sprossachsen Wasser und können daher in Wüstengebieten überleben. Das Zuckerrohr speichert dagegen Rohrzucker. Dieses bis zu sieben Meter hohe Süßgras hat einen Anteil von 62 Prozent an der weltweiten Zuckerproduktion.
Unterirdische Sprossachsen speichern häufig Stärke. Durch diese Speicherstoffe können die Pflanzen im Frühjahr schnell austreiben und die für sie günstigen Lichtverhältnisse ausnutzen. Buschwindröschen und Veilchen zählen zu solchen Frühblühern. Sie besitzen einen so genannten Erdspross.
Kartoffeln haben ebenfalls underirdische verdickte Sprosse, die Stärke enthalten. Dass diese Knollen wirklich umgebildete Sprossachsen sind, erkennt man, wenn man eine Kartoffel ins Licht legt. Die Schale wird dann grün. Wurzeln besitzen dagegen keine Chloroplasten und ergrünen daher nicht.
Bäume und Sträucher bilden stark **verholzte** Sprossachsen aus. Sie besitzen Stamm, Äste und Zweige.

Bau und Leistungen der Samenpflanzen

Bei allen anderen Pflanzen ist die Sprossachse **krautig**. Man bezeichnet sie dann als Stängel. Eine Sonderform ist der *Halm* der Süßgräser, der zum Beispiel bei allen Getreidearten wie Weizen, Mais oder Roggen auftritt. Er ist hohl und durch Knoten gegliedert. Dadurch sind Halme besonders biegsam und brechen seltener im Wind.

Unter dem Mikroskop kann man den Feinbau eines Stängels untersuchen. Er wird nach außen von einer *Stängelepidermis* abgeschlossen. Nach innen folgt das *Rindengewebe* mit den *Leitbündeln*. Jedes Leitbündel besteht aus verschiedenen Zellgruppen, die bestimmte Funktionen erfüllen. Im *Gefäßteil* liegen die lang gestreckten, röhrenförmigen Tracheen. Sie sind verholzt und leiten Wasser und gelöste Nährsalze. Spezielle Zellen im *Siebteil* sind ebenfalls verholzt, besitzen jedoch siebartige Querplatten. Diese Siebzellen dienen dem Transport von gelöstem Zucker. Das gesamte Leitbündel wird zusätzlich durch ein *Festigungsgewebe* stabilisiert. Im Inneren der Sprossachsen liegt bei einigen Pflanzen das *Mark*. Bei anderen Pflanzenarten kann dieser Teil fehlen. Sie haben dann eine *Markhöhle*. Beides dient der Stabilität.

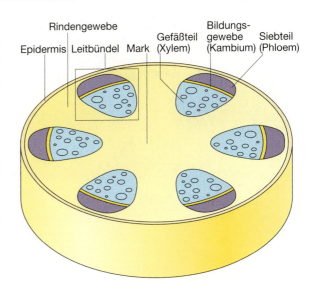

5 Bau einer Sprossachse *(schematisch)*

Betrachtet man den Stängel einer Tulpe oder eines Schneeglöckchens unter dem Mikroskop, findet man viele kleine Leitbündel. Sie liegen verstreut im Stängel. Die Leibündel sind einfach gebaut, sie bestehen aus einen Sieb- und einem Gefäßteil. Solch ein Stängelquerschnitt ist typisch für einkeimblättrige Pflanzen. Da ihnen das Bildungsgewebe im Leitbündel fehlt, können diese Pflanzen nicht in die Dicke wachsen. So wird zum Beispiel der Stamm einer Palme nach oben immer schmaler.

Bei den zweikeimblättrigen Pflanzen, zu denen beispielsweise unsere heimischen Laubsträucher und Laubbäume zählen, ist die Sprossachse anders aufgebaut. Hier sind die Leitbündel ringförmig im Rindenteil angeordnet. Sie sind weniger zahlreich und etwas größer als bei einkeimblättrigen Pflanzen. Im Leitbündel liegt zusätzlich ein Bildungsgewebe zwischen Sieb- und Gefäßteil. Es ermöglicht den Pflanzen, mit dem Älterwerden in die Dicke zu wachsen.

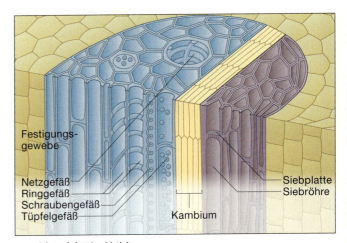

6 Leitbündel *(Blockbild)*

> Sprossachsen tragen Blätter und Blüten, sie transportieren Wasser, gelöste Nährsalze und Zucker. Die Wasserleitung findet im Gefäßteil des Leitbündels statt. Sie beruht auf Kohäsion, Adhäsion und dem Transpirationssog.

1 Nenne Pflanzen, deren Sprossachsen vom Menschen genutzt werden. Gib dabei an, in welcher Weise sie genutzt werden. Ergänze auch Beispiele, die im Text nicht erwähnt werden.

2 Gib für die abgebildeten Pflanzen 1 bis 4 die entsprechenden Aufgaben der Sprossachsen an.

3 Beschreibe den Bau einer Sprossachse mithilfe der Abbildung 5. Begründe, warum die schematische Abbildung zu einer zweikeimblättrigen Pflanze gehört.

4 Gib für die einzelnen Teile des Leitbündels die entsprechende Funktion(en) an. Wende dann das Erschließungsfeld „Struktur und Funktion" auf einen Teil des Leitbündels an.

5 Beschreibe die Wasserleitung durch die Pflanze.

4 Bäume und Sträucher sind Holzpflanzen

Viele krautige Pflanzen wie der Mais leben nicht länger als ein Jahr. Sträucher und Bäume dagegen werden teilweise sehr alt. Eine Kiefer kann beispielsweise 500 Jahre alt werden, ein Mammutbaum sogar 4000 Jahre.

Ein **Strauch** verzweigt sich dazu dicht über dem Boden in verholzte *Seitensprosse*. Er wird so bis zu fünf Metern hoch. **Bäume** erreichen bei uns eine Höhe von 20 bis 50 Metern. Ihre Sprossachse verzweigt sich erst in größerer Höhe. Im Laufe der Jahre entwickelt sich ein mächtiger, verholzter *Stamm,* der mit zunehmendem Alter immer dicker wird. Er trägt die *Krone,* die aus Ästen, Zweigen und Blättern besteht.

Am Stammquerschnitt eines gefällten Baum lässt sich der Aufbau des Stammes gut erkennen. Die außen liegende *Rinde* schützt das weiter innen liegende *Holz*. Im Holz fallen Jahresringe ins Auge.

Im Mikroskop erkennt man zwischen Holz und Rinde eine schmale Schicht lebender Zellen, das *Kambium.* Diese Zellen können sich teilen und neue Zellen bilden. Sie ermöglichen das **Dickenwachstum** der Bäume. Nach innen gibt das Kambium **Holzzellen** ab. Sie sind langgestreckt und lagern in ihre Zellwände Holzstoff ein. In ihnen werden im Bereich des Splintholzes Wasser und gelöste Mineralsalze zur Krone geleitet.

Weil für den Laubaustrieb im Frühjahr besonders viel Wasser benötigt wird, sind die Zellen im hellen *Frühholz* größer und dünnwandiger. Das dunkle *Spätholz* bilden kleine und dickwandige Zellen. Sie stabilisieren den Stamm und leiten ebenfalls Wasser. Beide Holzarten zusammen bilden einen Jahresring. Nach der Festigkeit des Holzkörpers unterscheidet man zwischen *Harthölzern* wie Eiche, Bergkiefer, Hainbuche oder Esche und *Weichhölzern* wie Linde, Pappel und viele Nadelhölzer.

Nach außen bildet das Kambium **Rindenzellen.** Dieser Teil des Stammes wird auch als *Bast* bezeichnet. Hier transportieren Bastzellen die Nährstoffe in den Stamm und in die Wurzel. Über *Markstrahlen* stehen diese Zellen mit dem Stamminneren in Verbindung.

Die äußersten Zellschichten der Rinde bilden die *Borke,* ein schützendes Abschlussgewebe. Die Zellen lagern Korkstoff in ihre Zellwände ein. Da diese Schicht nur langsam wächst, springt sie oft auf und bildet Risse. So entstehen die großen, schuppenartigen Borkenstücke einer Kiefer.

> Sträucher und Bäume gehören zu den Holzpflanzen. Der Stamm eines Baumes besteht aus Holz, Kambium und Rinde. Das Kambium ist ein Bildungsgewebe und ermöglicht das Dickenwachstum der Holzpflanzen.

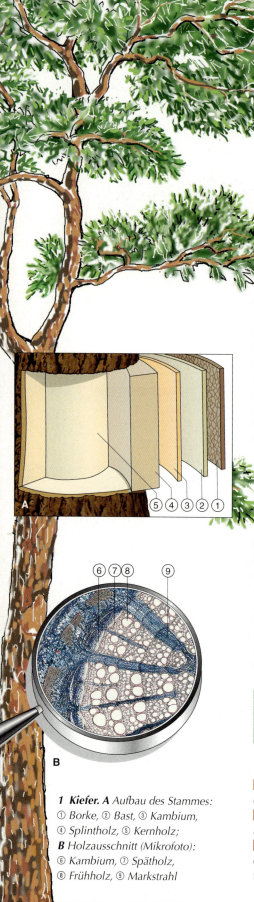

1 Kiefer. A Aufbau des Stammes:
① Borke, ② Bast, ③ Kambium,
④ Splintholz, ⑤ Kernholz;
B Holzausschnitt (Mikrofoto):
⑥ Kambium, ⑦ Spätholz,
⑧ Frühholz, ⑨ Markstrahl

1 Beschreibe den Aufbau eines Kiefernstammes. Nutze dafür die Abbildung 1.

2 Erkläre, weshalb eine Kiefer abstirbt, wenn die gesamte Rinde abgeschält wird.

3 Stelle in einer Übersicht die verschiedenen Zelltypen, die am Aufbau des Stammes beteiligt sind, zusammen. Gib jeweils ihre Funktion und eine Besonderheit im Bau an.

DICKENWACHSTUM BEI BÄUMEN

Pinnwand

Dickenwachstum bei der Kiefer
(schematisch)

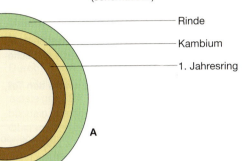

Holzstruktur

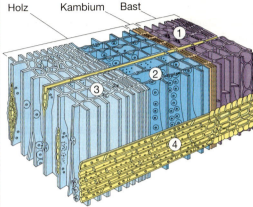

① **Siebröhren** sind langgestreckte Zellen mit siebartig durchbrochenen Querwänden.

② **Gefäße** bestehen aus toten Zellen, deren Querwände weitgehend aufgelöst sind.

③ Die Zellen des **Grundgewebes** sind stark verholzt. Ihre Zellwände enthalten Cellulose und Holzstoff (Lignin).

④ **Markstrahlen** sind aus Grundgewebe-Zellen aufgebaut. Sie dienen dem Transport von Stoffen vom Rand zum Zentrum des Stammes.

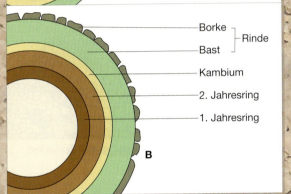

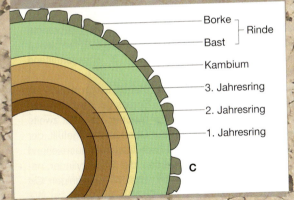

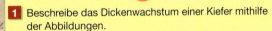

1 Beschreibe das Dickenwachstum einer Kiefer mithilfe der Abbildungen.

2 a) Schätze das Alter der Kiefer anhand des Querschnitts. Versuche dann durch Auszählen der Jahresringe das Alter möglichst genau zu bestimmen.
b) Wann war die Kiefer einem Bodenfeuer ausgesetzt?

Stammquerschnitt einer Kiefer

An der Schnittfläche eines Baumstammes erkennt man helle, dunkle, breite und schmale Ringe. Regelmäßig wechseln ein heller und ein dunkler Ring. Beide zusammen bilden einen Jahresring, der einem Lebensjahr eines Baumes entspricht. Die hellen Ringe setzen sich aus dünnwandigen, weiten Holzzellen zusammen, die im Frühjahr gebildet werden. Die dunklen Ringe entstehen im Sommer. Dieses Holz besteht aus engen, dickwandigen Zellen. Im Winterhalbjahr erfolgt dagegen kein Wachstum.

Aus den Jahresringen kann man nicht nur das Alter ablesen. Sie verraten uns auch etwas über die Standort- und Wachstumsbedingungen des Baumes wie Störungen durch Trockenheit oder Insektenbefall, trockene und feuchte Jahre, Sonneneinstrahlung und Verletzungen.

Bau und Leistungen der Samenpflanzen

5 Pflanzen sind reizbar

Wenn ein Mensch besonders sensibel reagiert, so bezeichnen wir ihn vielfach als Mimose. Die entsprechende Person reagiert ähnlich empfindlich wie die Blätter einer Pflanze, die sich bei einer Berührung zusammenfalten.

Die *Mimosen* sind mit Gelenken an den Blattstielen und an den Ansatzstellen der Fiederblättchen ausgestattet. Ungereizt sind die Zellen der Gelenke prall mit Zellsaft gefüllt, sodass die Blätter aufrecht stehen. Bei Berührung fließt Wasser aus den auf der Unterseite des Gelenks liegenden Zellen in die luftgefüllten Zellzwischenräume. Die Zellen werden dadurch kleiner und das Gelenk knickt nach unten. Diese Bewegungen laufen sehr schnell ab. Die Mimose ist ein gutes Beispiel dafür, dass Pflanzen auf Reize aus der Umgebung reagieren.

Solche Reize können neben Berührung auch Licht, Feuchtigkeit oder die Schwerkraft sein. Pflanzen können auf diese Reize mit Bewegungen reagieren. Stehen Bewegungen in Beziehung zur Richtung eines bestimmten Reizes, so nennt man sie **Tropismen**.
Tropismen kommen u. a. durch Wachstumsbewegungen zustande. Werden z. B. grüne Pflanzen einseitig beleuchtet, so wachsen sie an der nicht beleuchteten Seite schneller als an der beleuchteten Seite. Es entsteht dadurch eine Bewegung zum Licht, das die grüne Pflanze zur Fotosynthese benötigt. Das Bestreben der grünen Pflanzen dem Licht entgegen zu wachsen, nennt man **Fototropismus.**
Während der Pflanzenspross dem Licht entgegenwächst, wächst die Wurzel vom Licht weg in den Boden. Zusätzlich reagieren die Pflanzen durch Wachstum auf die Schwerkraft. Die Wurzeln wachsen dadurch nach unten in Richtung Schwerkraft. So wird gewährleistet, dass die Wurzeln in den Erdboden wachsen, wo sie Wasser und Nährsalze aufnehmen können. Solche Wachstumsbewegungen, die von der Schwerkraft beeinflusst werden, nennt man **Geotropismen.**

> Pflanzen sind reizbar. Sie reagieren u. a. auf Berührung, Licht, Feuchtigkeit und Schwerkraft.

1 Beschreibe die in Abbildung 1 D bis F gezeichneten Versuche. Gib im Protokoll jeweils Durchführung, Beobachtung und Auswertung an.
2 Die Bewegungen der Pflanzen in 1 A bis F beruhen auf unterschiedlichen Mechanismen. Erläutere diese.
3 Ordne die auf der Pinnwand vorgestellten Beispiele nach Nastien und Tropismen. Begründe.

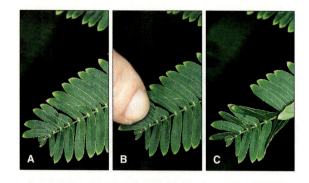
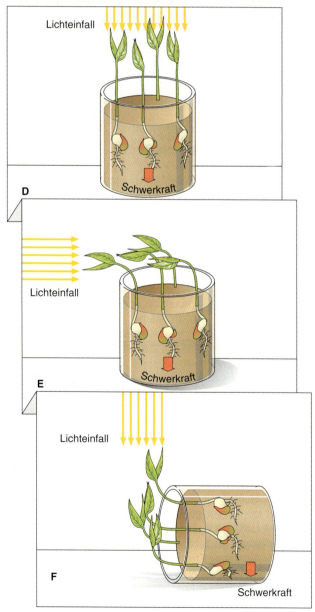

1 Pflanzen sind reizbar. A–C Mimosenblätter;
D–F Tropismen bei Pflanzen

REIZBARKEIT UND BEWEGUNG

Pinnwand

Organbewegungen

Unter den vielfältigen Bewegungsformen lebender Pflanzenorgane herrschen zwei Grundmechanismen vor. Zum einen bewegen sich Pflanzen durch nicht umkehrbare **Wachstumsbewegungen**. Zum anderen treten bei ihnen umkehrbare **Turgorbewegungen** auf. Bei den umkehrbaren Bewegungen ändert sich der Zellinnendruck der Pflanzenzelle durch Wasseraufnahme oder -abgabe sehr schnell.

Beide Mechanismen können durch Reize hervorgerufen werden. Dabei lassen sich **Tropismen** von **Nastien** unterscheiden. Tropismen sind gerichtete Krümmungsbewegungen, die durch einen einseitigen Reiz ausgelöst werden. Bei Nastien hat der Reiz keinen Einfluss auf die Bewegungsrichtung. Es handelt sich um eine ungerichtete Bewegung.

Gänseblümchen

Bewegung: Blüten öffnen und schließen sich.
Reiz: meist Temperatur und Licht
Besonderheit: Die Bewegung kann auf Turgoränderung oder auf Wachstum beruhen. Beim Wachstum strecken sich die Ober- und die Unterseite der Blütenblätter unterschiedlich schnell.

Wasserschlauch

Bewegung: Fangblase fängt Wasserfloh.
Reiz: Berührung
Besonderheit: Die Sinnesborsten der Pflanze ① nehmen den Reiz auf, den der Wasserfloh durch seine Berührung verursacht. Durch den daraufhin veränderten Zellinnendruck öffnet sich die Fangblase schnell ②. Sie dehnt sich aus und der entstehende Sog zieht die Beute hinein. Danach reagiert die Pflanze mit einer Wachstumsbewegung, die die Falle fest verschließt ③. Der Wasserfloh wird nun verdaut.

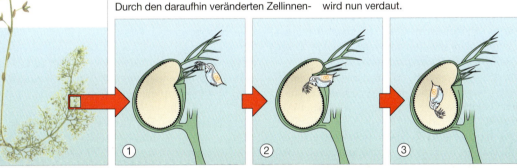

Kressekeimlinge

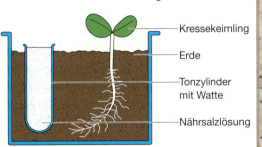

- Kressekeimling
- Erde
- Tonzylinder mit Watte
- Nährsalzlösung

Bewegung: Die Keimwurzeln wachsen in Richtung der Nährsalzlösung.
Reiz: chemische Stoffe wie Nährsalze und Wasser
Besonderheit: Bei älteren Wurzeln ist die Reaktion stark verlangsamt.

Erdnuss

Bewegung: Die Blütenstiele wachsen zuerst entgegen der Schwerkraft und tragen aufrechte Blüten. Erst nach der Befruchtung wachsen sie in Richtung der Erdanziehung und schieben so die reifenden Früchte in die Erde.
Reiz: Schwerkraft der Erde

Bau und Leistungen der Samenpflanzen

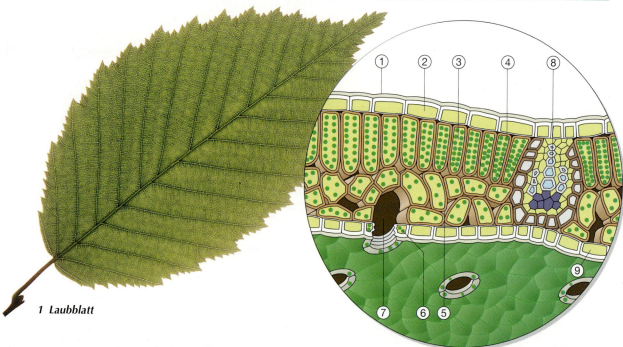

1 Laubblatt

2 Querschnitt durch ein Laubblatt (Schema).
① Cuticula; ② obere Epidermis; ③ Zelle im Palisadengewebe; ④ Chloroplast; ⑤ Zelle im Schwammgewebe; ⑥ Schließzelle; ⑦ Atemhöhle; ⑧ Blattader (Leitgewebe); ⑨ untere Epidermis

6 Bau und Funktion der Laubblätter

Blätter haben unterschiedliche Formen. Sie können zum Beispiel eiförmig sein wie dieses Weißbuchenblatt. In ihrem Grundaufbau ähneln sich jedoch alle Blätter. Mit dem Mikroskop kann man einen Blattquerschnitt untersuchen. Jetzt erkennt man, dass das Laubblatt aus mehreren Schichten aufgebaut ist.

Die oberste Schicht besteht aus eng aneinander liegenden Zellen ohne Chloroplasten. Man bezeichnet sie als **obere Epidermis.** Sie schützt das Blattinnere vor Verletzungen. Die Epidermis ist auf ihrer Außenseite von einer dünnen wachshaltigen Schicht überzogen, der **Cuticula.** Sie schützt das Abschlussgewebe und verhindert weitgehend den Verlust von Wasserdampf.

Im Blattinneren liegen zwei weitere Zellschichten. Ihre Zellen enthalten Chloroplasten. Im Anschluss an die obere Epidermis findet man langgestreckte Zellen, die senkrecht zur Blattoberfläche stehen. Sie ähneln den aneinander stehenden Pfählen eines Palisadenzaunes. Deshalb nennt man diese Schicht **Palisadengewebe.** Im darunter liegenden **Schwammgewebe** ist die Zahl der Chloroplasten in den Zellen geringer. Die Zellen liegen locker aneinander. Dazwischen befinden sich luftgefüllte Zwischenräume. Sehr große Zellzwischenräume, die **Atemhöhlen,** sieht man genau über den **Spaltöffnungen.** Diese Atemporen liegen in der unteren Epidermis. Ihre Hauptaufgabe ist die Aufnahme von Kohlenstoffdioxid und die Abgabe von Wasserdampf und Sauerstoff.

Wie gelangt nun das Wasser in ein Blatt? Im Blattquerschnitt erkennt man häufig auch Blattadern. Diese **Leitgewebe** bestehen aus einem Bündel von Leitungsröhren. Sie laufen von der Sprossachse über den Blattstiel in die Blattspreite. Ihre Aufgabe ist der Stofftransport. Dabei gibt es langgestreckte, verholzte Zellen zur Wasserleitung, die *Gefäße.* Darunter liegen *Siebröhren,* die der Leitung von gelöstem Zucker dienen. Ein *Festigungsgewebe* stützt und schützt die Leitungsbahnen. Über die Gefäße wird ständig Wasser in das Blatt geleitet. Es sammelt sich hier als Wasserdampf in den Atemhöhlen. Danach wird dieser Wasserdampf über das Blatt abgegeben. Man nennt diesen Vorgang **Transpiration.** Nur so wird der Transpirationssog im Stängel ständig aufrechterhalten. Er ermöglicht es der Pflanze, neues Wasser mit gelösten Nährsalzen aufzunehmen und zu transportieren.

Die dabei erreichten Transportleistungen sind erstaunlich. So verdunstet ein Hektar Buchenwald pro Jahr etwa 3,6 Millionen Liter Wasser.

Die Transpiration erfolgt auf zwei unterschiedlichen Wegen. Beim ersten gibt das Blatt über die gesamte Blattfläche Wasserdampf ab. Diese *kutikuläre Transpiration* erreicht bei einer Pflanze an feuchten Standorten etwa 30 % der Gesamttranspiration. Bei Pflanzen an trockenen Standorten liegt sie unter 10 %. Den größten Teil der Wasserdampfabgabe kann die Pflanze jedoch steuern. Der Wasserdampf sammelt sich in den Atemhöhlen und kann über die Spaltöffnungen abgegeben werden.

Spaltöffnungen bestehen häufig aus vier Zellen. Das innere Zellpaar, die *Schließzellen,* begrenzen den *Spalt.* Sie können bohnenförmig aussehen und stehen mit den zwei Nachbarzellen in Verbindung. Im Gegensatz zu den Zellen der unteren Epidermis enthalten Schließzellen Chloroplasten. Durch Wasserabgabe an die Nachbarzellen erschlaffen die Schließzellen. Der Spalt wird verschlossen. Durch Wasseraufnahme werden die Schließzellen stärker gekrümmt und der Spalt öffnet sich. Geöffnete Spaltöffnungen geben gleichzeitig Wasserdampf ab und nehmen Kohlenstoffdioxid für die Fotosynthese auf. Der bei der Fotosynthese gebildete Sauerstoff wird ebenfalls über die Spaltöffnungen in die Umgebung abgegeben.

Die Zahl der mikroskopisch kleinen Spaltöffnungen ist sehr groß. So hat man zum Beispiel auf der Unterseite eines Eichenblattes auf einem Quadratzentimeter etwa 35 000 Poren gezählt. Nimmt man die Fläche aller dieser Spaltöffnungen zusammen, erreicht sie nur ein bis drei Prozent der Gesamtfläche des Blattes.

> Laubblätter nehmen für die Fotosynthese Kohlenstoffdioxid aus der Umgebung auf und geben Wasserdampf und Sauerstoff ab. Die Verdunstung von Wasser durch die Pflanze wird als Transpiration bezeichnet. Blätter besitzen einen typischen Grundaufbau mit: Cuticula, oberer Epidermis, Palisaden- und Schwammgewebe, Zellzwischenräumen, unterer Epidermis und Spaltöffnungen.

1 Beschreibe den Blattquerschnitt eines Laubblattes mithilfe der Abbildung 2.
2 Nenne die Aufgaben folgender Teile des Blattes:
a) Cuticula; b) obere und untere Epidermis;
c) Palisadengewebe; d) Schwammgewebe;
e) Spaltöffnungen.
Lege dazu im Hefter eine Tabelle an.
3 Erläutere die zwei verschiedenen Formen der Transpiration bei Pflanzen.
4 Seerosenblätter besitzen nur auf der Blattoberseite Spaltöffnungen. Erkläre diese Erscheinung.
5 Ein Hektar Kiefernwald verdunstet pro Jahr im Durchschnitt 1,6 bis 2,7 Millionen Liter Wasser. Vergleiche diesen Zahlenwert mit dem des Buchenwaldes. Erkläre das Ergebnis.

Mikroskopieren von Blättern — Übung

V 1 Dauerpräparat Blattquerschnitt

Material: Dauerpräparat vom Blattquerschnitt eines Laubblattes; Mikroskop; Zeichenmaterial
Durchführung: Mikroskopiere das Dauerpräparat und zeichne einen Ausschnitt.
Aufgabe: Beschrifte deine Zeichnung. Nutze dazu auch die Abbildung 2.

V 2 Spaltöffnungen

Material: grünes Blatt von Alpenveilchen oder Tulpe; Pinzette; Rasierklinge; Objektträger; Deckgläser; Mikroskop; Zeichenmaterial
Durchführung: Ritze mit der Rasierklinge die Ober- und Unterseite des Blattes kreuzförmig an. Zieh dann mit der Pinzette vorsichtig ein Stück der oberen und unteren Epidermis ab. Lege die Stücke in je einen Wassertropfen auf Objektträger und decke sie mit Deckgläsern ab. Mikroskopiere beide Präparate.
Aufgabe: Zeichne von beiden Präparaten einen Ausschnitt. Vergleiche diese miteinander und erläutere.

A 3 Spaltöffnungen ändern ihre Form

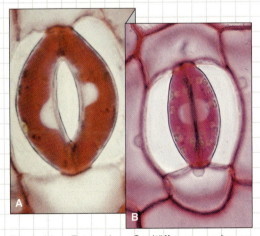

Die beiden Fotos einer Spaltöffnung wurden zu unterschiedlichen Tageszeiten gemacht. Welches Foto entstand am Vormittag bzw. in der heißen Mittagszeit? Begründe.

Bau und Leistungen der Samenpflanzen

1 Zucker wird aus Zuckerrüben gewonnen. **A** junge Rübenpflanzen; **B** Rübenpflanze im Herbst; **C** Zuckerrübenernte; **D** Endprodukt Zucker

7 Stoffwechsel der Pflanze

7.1 Pflanzen produzieren ihre Nährstoffe selbst – die Fotosynthese

Aus einem kleinen einsamigen Teilfrüchtchen einer Zuckerrübe, das im Frühjahr in den Boden gesät wird, wächst zunächst ein kleines beblättertes Pflänzchen heran. Daraus entwickelt sich bis zur Zuckerrübenernte im Herbst eine kräftige Pflanze mit saftiggrünen Blättern und einer fleischigen Rübe. In der Zuckerfabrik wird aus den Rüben, die bis zu 20 % Zucker enthalten, der Haushaltszucker gewonnen. Wie ist es der Pflanze möglich, diesen Nährstoff aufzubauen?

Mit den Wurzeln werden aus dem Boden nur Wasser und Nährsalze aufgenommen. Dies sind **anorganische Stoffe**. Zucker ist dagegen ein Stoff, der wie Stärke, Fette und Eiweißstoffe nur in Organismen vorkommt. Solche Stoffe werden deshalb als **organische Stoffe** bezeichnet. Sie enthalten als wesentlichen Bestandteil *Kohlenstoff*. In allen Pflanzenteilen lässt sich, etwa durch Verbrennen, Kohlenstoff nachweisen. Dies ist auch dann so, wenn man die Pflanze in einer Nährlösung wachsen lässt, die keinen Kohlenstoff enthält. Die Pflanze kann den Kohlenstoff also nur aus der Luft aufgenommen haben. In der Luft ist der Kohlenstoff in Form einer gasförmigen Verbindung, dem Kohlenstoffdioxid, enthalten. Der Anteil des Kohlenstoffdioxids beträgt dort nur etwa 0,03 %. Diese geringe Menge reicht aus, um die gesamte Biomasse zu bilden.

Allein aus Kohlenstoffdioxid und Wasser baut die Pflanze das Kohlenhydrat Traubenzucker auf. In vielen Pflanzen wird dieser sogleich in andere Zuckerarten oder in Stärke umgewandelt. In großen Mengen wird die Stärke dann zum Beispiel in Kartoffelknollen oder Getreidekörnern gespeichert.

Die Pflanze stellt also aus anorganischen Stoffen organische Stoffe her. Dieser Vorgang verläuft nur im Licht, das die Energie zur Synthese der organischen Stoffe liefert. Er wird deshalb als **Fotosynthese** bezeichnet. Bei diesem Vorgang wird Kohlenstoffdioxid aus der Luft verbraucht und *Sauerstoff* an die Umgebung abgegeben.

Die Energie des Lichts wird bei der Fotosynthese vom *Blattgrün* oder **Chlorophyll** aufgenommen und in chemisch gebundene Energie umgewandelt. Deshalb können nur grüne Pflanzen oder Pflanzenteile mit Chlorophyll die energiereichen Kohlenhydrate aufbauen.

Der über viele Zwischenstufen verlaufende komplizierte Vorgang der Fotosynthese lässt sich durch folgende chemische Gleichung zusammenfassend darstellen:

$$6\ CO_2 + 12\ H_2O \xrightarrow[\text{Chlorophyll}]{\text{Lichtenergie}} C_6H_{12}O_6 + 6\ H_2O + 6\ O_2$$

> **Fachbegriff**
> **Produzenten**
>
> Alle autotrophen Pflanzen sind Produzenten. Sie bilden das erste Glied der Nahrungskette. Sie betreiben Fotosynthese und produzieren organische Stoffe.

Bau und Leistungen der Samenpflanzen

2 Chloroplasten in Palisadenzellen (elektronenmikroskopische Aufnahme)

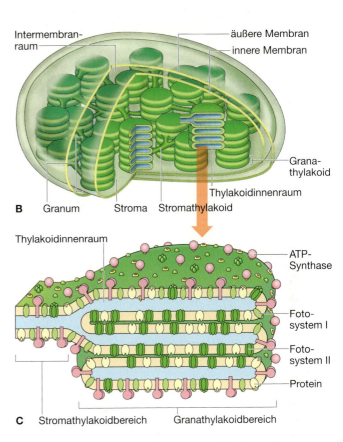

3 Bau eines Chloroplasten. A elektronenmikroskopische Aufnahme; B Feinbau (Schema); C Struktur der Thylakoidmembran

Der Vorgang der Fotosynthese vollzieht sich in den Chloroplasten. Deren Feinbau erkennt man erst im Elektronenmikroskop.
Ein Chloroplast wird von einer Doppelmembran umhüllt. Sie umschließt den mit einer Grundsubstanz, dem **Stroma,** erfüllten Chloroplasteninnenraum. Dieser wird von zahlreichen flachen Doppelmembranen, den **Thylakoiden,** durchzogen. Stellenweise sind die Thylakoide geldrollenartig dicht gestapelt. Man nennt diese Stapel **Grana** (Einzahl: das Granum). Im Bereich der Grana werden die Thylakoide als *Granathylakoide,* im Bereich des Stromas als *Stromathylakoide* bezeichnet. Grana- und Stromathylakoide bilden also ein zusammenhängendes Membransystem.
Moderne physikalische und biologische Untersuchungsmethoden erbrachten Aufschlüsse über die molekulare Struktur der Thylakoidmembran. Danach sind einer Doppelschicht aus fettähnlichen Stoffen, den *Lipiden,* von beiden Seiten her Eiweißstoffe, *Proteine,* auf- und eingelagert.
Die Membran besteht zu etwa gleichen Teilen aus Lipiden und Proteinen. Bei den Proteinen handelt es sich vorwiegend um Enzyme und um Komplexe aus Proteinen und Farbstoffmolekülen. Der für die Fotosynthese maßgebliche Farbstoff ist das Blattgrün oder **Chlorophyll.** Daneben enthält die Membran noch weitere Farbstoffe, die *Carotinoide.* Chlorophyll und Carotinoide sind in der Membran mit bestimmten Proteinen zu Funktionseinheiten zusammengefasst, die man als **Fotosysteme** bezeichnet. Man hat festgestellt, dass es zwei etwas unterschiedlich gebaute und arbeitende Fotosysteme gibt, die als *Fotosystem I und II* bezeichnet werden.
In diesen beiden Fotosystemen der Pflanzen wird die Lichtenergie in chemisch gebundene Energie umgewandelt.

Bei der Fotosynthese bauen die Pflanzen im Licht aus Kohlenstoffdioxid und Wasser Kohlenhydrate auf. Dabei wird Sauerstoff frei. Die Lichtenergie wird von den Fotosystemen auf den Thylakoiden in den Chloroplasten aufgenommen.

---

1 „Ohne Pflanzen kein Leben." Begründe diese Aussage.
2 Beschreibe den Feinbau eines Chloroplasten.

Streifzug durch die Chemie

Reaktionen der Fotosynthese

Die Fotosynthese gliedert sich in zwei Teilprozesse: die lichtabhängigen Reaktionen, die an den Thylakoiden stattfinden und die lichtunabhängige Reaktion, welche im Stroma abläuft.

In den **lichtabhängigen Reaktionen** wird Lichtenergie in chemische Energie umgewandelt. Dazu muss die Lichtenergie zunächst durch das Chlorophyll aufgenommen, d.h. absorbiert, werden. Das so entstandene energiereiche Chlorophyll ist in der Lage, Wasser zu spalten. Dabei entsteht Sauerstoff, der als Nebenprodukt die Chloroplasten verlässt. Außerdem werden positiv geladene Wasserstoff-Ionen und Elektronen gebildet. Da Elektronen niemals frei existieren können, werden sie sofort von einem so genannten Elektronenüberträger aufgenommen. In der Thylakoidmembran bilden verschiedene Elektronenüberträger eine Elektronentransportkette. Bei der Weitergabe der Elektronen von einem zum nächsten Elektronenüberträger wird Energie freigesetzt und zur Bildung von ATP aus ADP und Ⓟ genutzt. Schließlich landen die Elektronen beim NADP$^+$. Ein NADP$^+$-Molekül reagiert durch Aufnahme von je zwei Elektronen und Wasserstoff-Ionen zu einem NADPH+H$^+$-Molekül (vereinfacht NADPH$_2$).

Die **lichtunabhängige Reaktion** braucht selbst kein Licht, aber die Produkte der lichtabhängigen Reaktionen: ATP und NADPH$_2$. Da diese Stoffe bei den meisten Pflanzen nur wenige Sekunden gespeichert werden können, müssen lichtabhängige und lichtunabhängige Reaktionen immer parallel ablaufen.

Bei der lichtunabhängigen Reaktion wird Kohlenstoffdioxid in Glucose umgewandelt. Den dafür benötigten Wasserstoff liefert NADPH$_2$ und reagiert dabei zurück zu NADP$^+$. Außerdem muss Energie zugeführt werden, die die Spaltung von ATP in ADP+Ⓟ liefert. NADP$^+$ und ADP+Ⓟ fließen zurück zu den lichtabhängigen Reaktionen.

> **Fachbegriff**
> ### ATP und NADPH$_2$
>
> **A**denosin**tri**phosphat, **ATP**, dient als *Energieüberträger*. Es entsteht, wenn an Adenosindiphosphat (ADP) unter Energieaufnahme ein Phosphatrest Ⓟ angelagert wird. Durch Abspaltung des Phosphatrestes wird die Energie wieder freigesetzt:
>
> $$ADP + Ⓟ \xrightleftharpoons[\text{Energie}]{\text{Energie}} ATP$$
>
> **N**icotinsäureamid-**a**denin**d**inucleotid**p**hosphat (**NADP$^+$**) kann Wasserstoff-Ionen übertragen:
> NADP$^+$ + 2H$^+$ + 2e$^-$ ⇌ NADPH + H$^+$

1 Ordne die Begriffe Energieumwandlung und Substanzumwandlung jeweils einem Teilprozess der Fotosynthese zu. Begründe deine Antwort.

2 Ohne Licht kommt auch die lichtunabhängige Reaktion nach kurzer Zeit zum Erliegen. Erkläre. Nutze Abbildung 1.

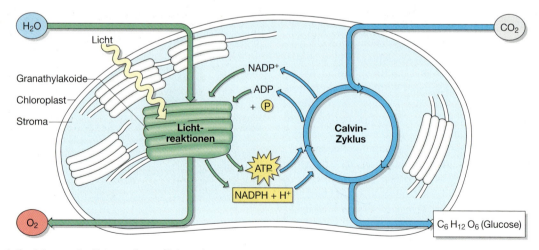

1 Reaktionen der Fotosynthese *(Schema)*

Bau und Leistungen der Samenpflanzen

Anwenden der Erschließungsfelder auf Pflanzen

Methode

Die Inhalte der dir bekannten Erschließungsfelder lassen sich auf alle biologischen Sachverhalte übertragen. Mit ihrer Hilfe kannst du zum Beispiel biologische Zusammenhänge bei Pflanzen selbstständig erarbeiten. Dabei helfen dir die allgemeinen Definitionen und folgende Fragen sowie Arbeitshinweise:

Erschließungsfeld
Vielfalt

Weltweit gibt es eine große Artenvielfalt, wobei sich die einzelnen Arten in wesentlichen Merkmalen voneinander unterscheiden. Lebewesen, die zu einer Art gehören, stimmen dagegen in den Hauptmerkmalen überein. Sie können jedoch unterschiedliche Einzelmerkmale zeigen. Diese Unterschiede entstehen durch die geschlechtliche Fortpflanzung. Bei ihr kommt es zu einer Neukombination von Merkmalen der Eltern.

→ Finde gemeinsame Merkmale der Pflanzen.
→ Finde Unterschiede in den Merkmalen.
→ Ziehe Schlussfolgerungen.

Erschließungsfeld
Angepasstheit

Lebewesen besitzen vielfältige bauliche, funktionelle und verhaltensspezifische Merkmale, die ihnen das Leben unter bestimmten Umweltbedingungen ermöglichen. Dadurch sind sie an die Bedingungen ihres Lebensraumes angepasst.

→ Beschreibe den Lebensraum oder die Lebensbedingungen.
→ Ermittle Merkmale, durch welche die Pflanzenart besonders gut in diesem Lebensraum überleben kann.

Erschließungsfeld
Struktur und Funktion

Zwischen dem Bau eines Lebewesens und seinen Leistungen besteht ein enger Zusammenhang. Dabei kann man sowohl den äußeren Bau als auch die Struktur von Teilen eines Lebewesens betrachten. Auch auf der zellulären Ebene ermöglichen bestimmte Strukturen eine entsprechende Funktion.

→ Beschreibe den Bau des ausgewählten Pflanzenteils.
→ Denke, wenn nötig, auch an die einzelnen Ebenen (Zelle → Gewebe → Organ).
→ Leite mögliche Funktionen aus der Struktur ab.

Erschließungsfeld
Fortpflanzung

Fortpflanzung ist ein Merkmal aller Lebewesen. Sie dient der Erzeugung von Nachkommen mit den wesentlichen Merkmalen der Eltern. Man unterscheidet zwischen geschlechtlicher und ungeschlechtlicher Fortpflanzung. Bei der geschlechtlichen Fortpflanzung kommt es zur Verschmelzung von Ei- und Samenzelle. Die ungeschlechtliche Fortpflanzung findet durch Zellteilung statt.

→ Entscheide, ob geschlechtliche oder ungeschlechtliche Fortpflanzung stattfindet.
→ Beschreibe die Fortpflanzung. (Denke zum Beispiel an Bestäubung und Befruchtung.)

Erschließungsfeld
Wechselwirkung

Alle Lebewesen stehen in bestimmten Beziehungen, die auf verschiedenen Ebenen stattfinden können:
→ zwischen Lebewesen und ihrer Umwelt (Ökologie)
→ zwischen den Lebewesen (Verhalten)
→ zwischen Organen/Organsystemen der Lebewesen (Stoffwechsel)
Hier kommt es jeweils zu Ursache-Wirkungsbeziehungen und damit zu einer gegenseitigen Beeinflussung.

→ Stelle Ursache-Wirkungsbeziehungen zusammen.
→ Gib an, wie dadurch Lebensvorgänge gehemmt oder gefördert werden.

Erschließungsfeld
Stoff und Energie

Stoffe und Energie sind die Grundlage des Lebens. Dabei sind Zellen die kleinsten Bausteine der Lebewesen, in denen Stoff- und Energiewechselvorgänge ablaufen. Bei der Assimilation werden Stoffe aus der Umwelt aufgenommen und umgebaut. Dissimilation ist dagegen ein Stoffabbau, bei dem Energie für die Lebensprozesse der Organismen bereitgestellt wird.

→ Gib anorganische bzw. organische Stoffe an, die die Pflanzen aufnehmen und abgeben.
→ Beschreibe die Energieumwandlung beim Stoffwechsel der Pflanze.

1 Wende die Erschließungsfelder auf eine Sonnenblume an.

Bau und Leistungen der Samenpflanzen

1 Gewächshauskultur

7.2 Die Fotosynthese hängt von verschiedenen Umweltfaktoren ab

Tomaten, Gurken und Paprika sind beliebte Gemüsesorten in Europa. Um die Erträge dieser Nutzpflanzen zu steigern, werden sie in Gewächshäusern angebaut. Denn nur dort lassen sich optimale Bedingungen für die Pflanzen schaffen. Höhere Erträge erreicht man zwar auch durch Züchtung, die Fotosyntheseleistung der Pflanzen kann aber ebenfalls gesteigert werden. Wie hängt das mit dem Anbau im Gewächshaus zusammen?

Die Fotosynthese ist vor allem von der **Lichtintensität** abhängig. So lässt sich die Fotosyntheseleistung in vielen Fällen bei stärkerer Belichtung steigern. Jedoch wird bei einer bestimmten Lichtintensität, der *Lichtsättigung*, ein Maximum der Fotosynthese erreicht. Die Lichtsättigung erreichen einzelne Pflanzenarten unterschiedlich schnell. Schattenpflanzen wie der Sauerklee gelangen eher an ihr Maximum als Lichtpflanzen wie der Mais.

Auch die **Temperatur** hat einen Einfluss auf die Fotosynthese. Die volle Leistung erzielt eine Pflanze nur in einem engen Temperaturbereich, dem *Optimum*. Bei zu geringen Temperaturen laufen die chemischen Reaktionen langsamer ab. Bei zu hohen Temperaturen werden die beteiligten Wirkstoffe, die Enzyme, zerstört. In Gewächshäusern lässt sich für jede Kulturpflanze die optimale Temperatur einstellen.

Steuern lässt sich dort auch ein weiterer Umweltfaktor. Unter Glas begast man die Pflanzen teilweise mit **Kohlenstoffdioxid.** Dadurch kann die Fotosyntheseleistung z. B. bei Tomaten bis auf das Dreifache gesteigert werden. Die normale Kohlenstoffdioxid-Konzentration der Luft liegt mit 0,03 Prozent weit unter dem optimalen Wert von 0,15 bis 0,2 Prozent.

Auch **Wasser** hat einen Einfluss auf die Fotosyntheseleistung. Bei längerer Trockenheit schließen sich die Spaltöffnungen und die Fotosyntheseleistung sinkt.

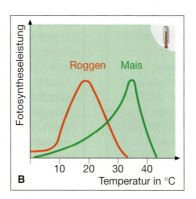

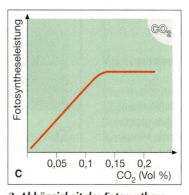

2 *Abhängigkeit der Fotosynthese von verschiedenen Umweltfaktoren.* A *Licht;* B *Temperatur;* C *Kohlenstoffdioxidkonzentration*

> Die Fotosyntheseleistung ist u. a. von der Lichtintensität, der Temperatur und dem Kohlenstoffdioxidgehalt der Luft abhängig.

1 Wie lässt sich die Fotosyntheserate von Tomaten in einem Gewächshaus steigern?

Bau und Leistungen der Samenpflanzen

7.3 Verwertung der Fotosyntheseprodukte

Das Fotosyntheseprodukt **Glucose** ist Ausgangsstoff für den Aufbau von *Kohlenhydraten, Proteinen* und *Fetten*. Diese **Nährstoffe** kommen in verschiedenen Pflanzen in unterschiedlichen Mengen vor. Die Samen der Maispflanze beispielsweise enthalten sehr viele Kohlenhydrate. Demgegenüber ist die Sojabohne reich an Eiweiß. Für den Aufbau von Eiweiß benötigt die Pflanze außer der Glucose stickstoffhaltige Nährsalze aus dem Boden. Sonnenblumensamen enthalten ein Gemisch flüssiger Fette, die Öle. Besonders in Samen, aber auch in unterirdischen Organen wie Wurzel- und Sprossknollen oder Zwiebeln speichert die Pflanze die aus der Glucose entstandenen Nährstoffe.

Im Rahmen ihres **Baustoffwechsels** können die Zellen aus der Glucose eine Vielzahl von Substanzen herstellen, welche zum Aufbau des Pflanzenkörpers dienen. So ist z. B. *Zellulose* ein wesentlicher Grundbestandteil der pflanzlichen Zellwände. Neben den Stoffen, die für den Bau und die Funktion von Pflanzenzellen besonders wichtig sind, produzieren Pflanzen verschiedene **sekundäre Pflanzenstoffe.** Hierzu gehören z. B. ätherische Öle in Drüsenhaaren, aber auch Harze, Farbstoffe und Pflanzengifte. Alle diese Stoffe werden letztlich aus Glucose gebildet.

Bei der *Zellatmung* wird sowohl bei Pflanzen als auch bei Tieren die Glucose mithilfe des aus der Fotosynthese stammenden Sauerstoffs abgebaut. Im Verlauf dieses **Energiestoffwechsels** wird die im Glucosemolekül gebundene Energie frei. Davon werden jeweils etwa 30 kJ genutzt, um aus *ADP* und *anorganischem Phosphat* ATP herzustellen. Diese im ATP gespeicherte Energie kann beim Abspalten eines Phosphatrestes für Energie verbrauchende Vorgänge genutzt werden. Bei diesen Energievorgängen entsteht auch **Wärme,** die an die Umgebung abgegeben wird.

> Das Fotosyntheseprodukt Glucose wird in den Zellen zum Stoffaufbau und für die Herstellung von ATP genutzt.

1 Erläutere die Bedeutung der Glucose für die Entstehung des Pflanzenkörpers.

 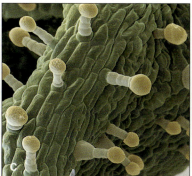 

1 Bau- und Energiestoffwechsel. A Umsetzung der Glucose; B Zellulosefibrillen der pflanzlichen Zellwand; C Drüsenhaare der Pelargonie; D Wärmeabgabe des Alpenglöckchens

1 Tropischer Regenwald als Pflanzenreservoir. **A** Ausschnitt; **B** Banane; **C** Rosarotes Immergrün

7.4 Grüne Pflanzen – Grundlage des Lebens

Pflanzen bestimmen das Bild auf der Erde. Sie kommen in fast allen Klimazonen vor. Es gibt sie als mikroskopisch kleine Einzeller und als Baumriesen mit über 120 m Höhe. Allein in tropischen Regenwäldern findet man über 50 % aller Pflanzenarten.

Grüne Pflanzen können die Energie des Sonnenlichtes in chemische Energie umwandeln. Bei dieser Fotosynthese stellen sie organische Stoffe wie Traubenzucker her. Diese nutzen sie zum Aufbau eigener Biomasse. Alle anderen Organismen sind Verbraucher organischer Stoffe. Sie ernähren sich direkt oder indirekt von Pflanzen. *Futterpflanzen* wie Gras, Klee und Getreide werden von Nutztieren gefressen. So erhalten wir später Eier, Fleisch und Milcherzeugnisse. Pflanzen bilden deshalb die **Nahrungsgrundlage** für Tiere und Menschen.

Ein Nebenprodukt der Fotosynthese ist der **Sauerstoff**, den die Pflanzen an die Umgebung abgeben. Diesen Sauerstoff brauchen fast alle Lebewesen zur Atmung. Ohne die Entwicklung grüner Pflanzen vor etwa zwei bis drei Milliarden Jahren hätten wir heute keine sauerstoffhaltige Erdatmosphäre. Auch die Ozonschicht, die uns vor zu starker UV-Strahlung schützt, hat sich erst gebildet, als Sauerstoff vorhanden war. Durch die vielseitigen Leistungen grüner Pflanzen erhalten wir zahlreiche Produkte, die wir als **Rohstoffe** und **Baumaterialien** verwenden. Fossile Brennstoffe wie *Braun-* und *Steinkohle* stammen von Pflanzen früherer Erdzeitalter. Ein besonders wertvoller Rohstoff ist *Holz*. Man braucht es für Häuser, Werkzeuge, Möbel und vor allem als Brennholz. So ist zum Beispiel fast die Hälfte der Weltbevölkerung vollständig vom Brennstoff Holz abhängig. Holz nutzt man darüber hinaus auch für die Zellstoff- und Papierherstellung.

Pflanzliche *Fasern* wie Baumwolle, Hanf, Jute und Flachs werden für die Herstellung von Textilien verwendet. Andere Pflanzen liefern *Harze, Kautschuk,* und *Öle*. Auf **Genussmittel** wie Kakao, Tee, Kaffee und Schokolade möchte sicher auch niemand verzichten. Darüber hinaus gibt es viele wertvolle **Heilpflanzen** wie Kamille, Salbei und Roter Fingerhut. Die Wirkstoffe des Tropischen Immergrün werden zum Beispiel zur Bekämpfung von Blutkrebs eingesetzt.

> Grüne Pflanzen sind die Grundlage allen Lebens auf der Erde. Sie liefern Sauerstoff, Nahrung und Rohstoffe.

1 Stelle verschiedene „Leistungen" der Pflanzen zusammen. Nutze dazu auch die Pinnwand Seite 31.

LEISTUNGEN DER PFLANZEN

Pinnwand

Dattelpalmen kommen vor allem in den Trockengebieten von Marokko in Afrika bis nach Pakistan in Asien vor. Nach einem arabischen Sprichwort steht die Dattelpalme mit den Füßen im Wasser und mit dem Kopf in der glühenden Hitze. Tatsächlich reichen ihre Wurzeln tief bis in das Grundwasser und nehmen dort jährlich etwa 150 000 l Wasser auf. Der Baum verträgt auch Temperaturen bis 52 °C. Die Dattelpalme ist für die Bewohner der Wüstenräume und Oasen von lebenswichtiger Bedeutung. Jährlich liefert sie etwa 70 kg zucker- und eiweißhaltige Früchte. Diese werden entweder frisch gegessen oder zu Dattelbrot gepresst. Es bildet die tägliche Nahrung. Getrocknet, gepresst und in Leder eingenäht hält es sich über viele Jahre. Die Früchte werden auch zu Marmelade verarbeitet. Die Palme liefert täglich bis zu 10 l „Dattelmilch", die man aus der Krone abzapft. Ein Teil davon wird zu Dattelwein vergoren. Junge Blätter werden als Gemüse gegessen. Ältere dienen als Viehfutter, für Bedachungen und als Flechtmaterial für Matten, Körbe und Hüte. Aus den Stämmen gewinnt man Bauholz. Die Dattelpalme ist somit ein universeller Nahrungsmittel- und Rohstofflieferant der trockenheißen Gebiete.

Ein durchschnittlicher, 17 m hoher Laubbaum mit 1000 m² Blattfläche
- produziert 400 kg organische Stoffe pro Jahr (z. B. Traubenzucker)
- produziert 200 Millionen l Sauerstoff pro Jahr
- verbraucht 2 500 l Wasser pro Jahr für die Sauerstoffproduktion
- „pumpt" 30 000 l Wasser pro Jahr durch seine Organe
- filtert 7 000 kg Luftverunreinigungen pro Jahr (z. B. Staub)
- verhindert durch seine Wurzeln einen Wasserabfluss von 70 000 l pro Jahr

Dürre in Brasilien: Frage von Leben und Tod
Nach einem Bericht im SPIEGEL Nr. 24/1998

Wenn der Regen ausbleibt und die Pflanzen auf den Feldern verdorren, die den Menschen in den Dörfern Nahrung und Einkommen liefern, dann leiden viele Brasilianer unter Hunger. So auch im Jahre 1998. In vielen Dörfern des Bundesstaates Ceará sind die Brunnen versiegt, Mais und Bohnen verdorrt. Der Preis für Reis hat sich verdreifacht – unerschwinglich für die meist arme Bevölkerung. Viele haben schon ihre Hütten verlassen. Auf der Suche nach Wasser und Nahrung irren sie durch die trockene Gegend des brasilianischen Nordens. Ausgezehrte Kinder schwenken vorüberfahrenden Autos leere Blechnäpfe entgegen. Sie betteln um Bohnen, Mais, irgendetwas zu essen. Die neunjährige Raimunda hat zuletzt vor drei Tagen gegessen: eine Handvoll Mehl und ein Kaktusblatt.

Holz: Daten und Fakten

- Weltproduktion an Rundholz für Verarbeitungszwecke: 1,6 Mrd. m³ pro Jahr.
- Weltproduktion an Brennholz und Holzkohle: 1,8 Mrd. m³ pro Jahr.
- Rund 80% des geschlagenen Holzes dienen der Energiegewinnung.
- Über 2 Mrd. Menschen sind beim Kochen und Heizen mangels anderer Energiequellen auf Holz angewiesen.

1 Pro Tag nimmt der Mensch etwa 600 l Sauerstoff auf. Wie lange könnte er von dem Sauerstoff leben, den ein durchschnittlicher Laubbaum an einem Tag produziert?

Bau und Leistungen der Samenpflanzen

7.5 Pflanzen atmen auch

Vorwiegend in artenreichen Buchen- und Auenwäldern wächst der *Aronstab*. Er blüht im April und Mai. Zuerst sieht man nur die grünen Hochblätter. Jedes Hochblatt umschließt einen Blütenstand. Dabei erweitert es sich nach unten zu einem bauchigen Kessel.

An der Blütenstandsachse befinden sich am unteren Teil die weiblichen und darüber die männlichen Blüten. Weiter oben folgen sterile Blüten, die zu Reusenhaaren umgebildet sind. Der Blütenstand endet in einem braunvioletten Kolben.

Sind die weiblichen Blüten reif, öffnet sich das Hochblatt und gibt den Kesseleingang frei. Im Kessel entwickelt sich dann eine beachtliche Wärme. Die Wärme dient dazu, Geruchsstoffe aus dem Kolben zu verbreiten.

Der Aasgeruch lockt kleine Insekten wie Fliegen und Schmetterlingsmücken an. Sie rutschen von der glatten, ölbeschichteten Oberfläche des Hochblattes durch die Haarreuse hindurch bis zum Grund des Kessels. Die Haarreuse verhindert eine Flucht aus dem Kessel. Tragen die Insekten Pollen, streifen sie diesen an den weiblichen Blüten ab.

In der darauf folgenden Nacht öffnen sich die männlichen Blüten. Die Insekten bepudern sich nun mit neuen Pollenkörnern. Kurz darauf vertrocknen die Reusenhaare und geben den Kessel frei. Die Insekten gelangen ins Freie und fliegen weiter zum nächsten Aronstab.

Wie gelingt es dem Aronstab nun, die nötige Wärme zu erzeugen?

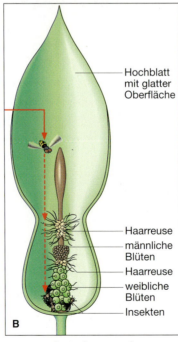

1 Aronstab. A Blütenstand; **B** Bestäubung durch Fliegen

Als „Heizmaterial" dient ihm Stärke, die er in den Zellen gespeichert hat. Diese muss jedoch zunächst wieder in Traubenzucker zerlegt werden. In den Zellen findet dann eine biologische Oxidation statt. Dabei wird der *Traubenzucker* zusammen mit *Sauerstoff* in mehreren Schritten zu *Kohlenstoffdioxid* und *Wasser* umgewandelt. In ihrem Verlauf wird viel **Energie** frei. Ein Teil der freigesetzten Energie geht als Wärme „verloren". Ein weiterer Teil dient der Pflanze dazu, ihre eigenen Lebensvorgänge aufrechtzuerhalten. So kann sie zum Beispiel wachsen, neue Stoffe bilden oder diese transportieren.

Da diese Vorgänge in den Zellen stattfinden, heißen sie **Zellatmung**. Der Aronstab atmet also wie alle anderen grünen Pflanzen auch. Die Zellatmung lässt sich in der unten stehenden Wortgleichung zusammenfassen.

Auch dieser Stoffwechselprozess läuft in mehreren Phasen ab. Zuerst wird Glucose in zwei C_3-Körper zerlegt. Dieser Vorgang heißt Glykolyse und findet im Zellplasma statt. Die C_3-Körper werden im Citratzyklus zu Kohlenstoffdioxid abgebaut. Die Elektronen aus beiden Teilprozessen werden auf NAD^+ bzw. FAD übertragen. Die dritte Komponente der Zellatmung ist die Atmungskette. Sie nimmt die Elektronen auf und gibt sie von einem Molekül zum nächsten weiter. Bei diesen einzelnen Stufen wird Energie frei, die zur Synthese von ATP verwendet werden kann. Die Elektronen verbinden sich mit Wasserstoff-Ionen und Sauerstoff zu Wasser.

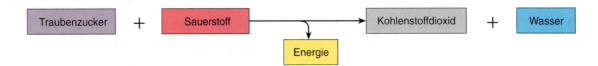

Bau und Leistungen der Samenpflanzen

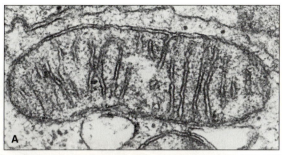

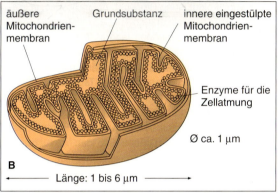

2 Mitochondrium. A elektronenmikroskopische Aufnahme; **B** Schema

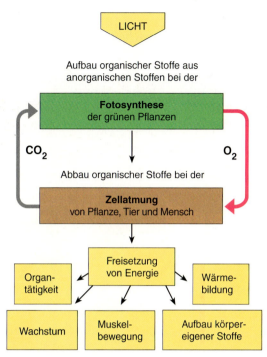

3 Zusammenhang zwischen Fotosynthese und Zellatmung

Citratzyklus und Atmungskette finden in speziellen Zellorganellen, den **Mitochondrien** statt. Diese sind in Gestalt und Größe recht unterschiedlich. Sie können oval, kugelförmig, stäbchenförmig oder gekrümmt sein. Mitochondrien werden von einer Doppelmembran umgeben. Die innere Membran ist mit vielen Einstülpungen versehen. So vergrößert sich der Reaktionsraum für die Zellatmung. In und auf der Membran befinden sich die Enzyme für die Atmungskette und zur ATP-Synthese.

Im Gegensatz zu den grünen Pflanzen können Tiere und Menschen die für die Zellatmung nötigen Stoffe nicht selbst herstellen. Sie müssen also organische Stoffe mit der Nahrung aufnehmen und ernähren sich heterotroph. Damit liefert die Fotosynthese die stoffliche Grundlage für die Zellatmung aller Lebewesen. Der zum Abbau des Traubenzuckers nötige Sauerstoff stammt ebenfalls aus der Fotosynthese.

> Bei der Zellatmung wird Traubenzucker unter Sauerstoffverbrauch abgebaut. Dabei entstehen als Reaktionsprodukte Kohlenstoffdioxid und Wasser. Dieser Vorgang findet im Zellplasma und in den Mitochondrien statt. Er setzt Energie für die eigenen Lebensvorgänge und Wärme frei.

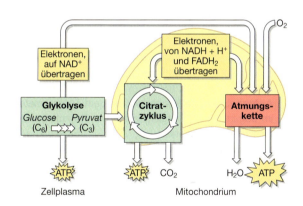

4 Übersicht zur Zellatmung

1 Nenne den Ort der Zellatmung und stelle die chemische Bruttogleichung auf.
2 Beschreibe den Feinbau eines Mitochondriums mithilfe der Abbildung 2.
3 Erläutere den Zusammenhang zwischen Fotosynthese und Zellatmung. Nutze dazu auch die Abbildung 3 und das Erschließungsfeld „Wechselwirkung".
4 Beschreibe mithilfe der Abbildung 4 die Phasen der Zellatmung.

Bau und Leistungen der Samenpflanzen

1 Mistel. *A Mistelbüsche auf Pappeln;*
B einzelner Mistelbusch;
C Mistelzweig mit Beerenfrüchten;
D Ast mit Mistel, aufgeschnitten (Schema)

2 Nesselseide auf Brennnessel.
A Foto; B Schema

7.7 Unter den Pflanzen gibt es Halb- und Vollschmarotzer

Wenn im Winterhalbjahr die Laubbäume ihre Blätter abgeworfen haben, fallen im Geäst mancher Bäume, besonders auf Pappeln und Apfelbäumen, kugelförmige grüne Büsche auf. Es sind **Misteln.** Wie ist es diesen Pflanzen möglich, jahrelang auf den Baumästen zu leben?

Da die Mistel Chlorophyll besitzt, kann sie ihre Nährstoffe durch Fotosynthese selbst herstellen. Auf welche Weise aber bezieht diese Pflanze, an der man zunächst keine Wurzeln entdeckt, Wasser und Nährsalze?

Schneidet man ein Aststück an der Ansatzstelle der Mistel der Länge nach auf, erkennt man, dass zapfenförmige, wurzelartige Auswüchse der Mistel in das Holz des Baumes hineinführen. Mit diesen so genannten *Senkern* entnimmt die Pflanze den Wasserleitungsbahnen des Astes Wasser mit den darin gelösten Nährsalzen.

Pflanzen, die sich von einer anderen Pflanze, ihrer Wirtspflanze, nur mit Wasser und Nährsalzen versorgen, aber selber Fotosynthese durchführen, nennt man **Halbschmarotzer.**

Brennnessel, Luzerne und Klee sind manchmal von den fadenförmigen, bleichen Sprossen der **Nesselseide** überwuchert. Mit ihren Sprossen umschlingt diese *Windepflanze* die Stängel der Wirtspflanze und überzieht auch deren Blätter. Da der Nesselseide, die auch Teufelszwirn genannt wird, das Chlorophyll fehlt, kann sie keine Fotosynthese durchführen und deshalb nicht wie die grünen Pflanzen ihre Nährstoffe selbst herstellen. An den Berührungsstellen ihres Sprosses mit dem Stängel der Wirtspflanze bildet sie Saugorgane aus, mit denen sie deren Leitbündel anzapft. Sie entnimmt ihnen Wasser und Nährsalze, aber auch Nährstoffe. Pflanzen, die alle lebensnotwendigen Stoffe anderen Pflanzen entziehen, heißen **Vollschmarotzer.**

> Halbschmarotzer entziehen den Wirtspflanzen nur Wasser und Nährsalze, Vollschmarotzer dazu noch Nährstoffe.

1 Erläutere an mehreren Beispielen den Unterschied zwischen Halb- und Vollschmarotzern. Nimm die Pinnwand Seite 37 zu Hilfe.

HALB- UND VOLLSCHMAROTZER

Pinnwand

Name: *Zottiger Klappertopf*
Pflanzenfamilie: Rachenblütler
Vorkommen: auf nährsalzreichen Wiesen, in Halbtrockenrasen und Getreidefeldern
Besonderheit: Halbschmarotzer auf Wurzeln anderer Pflanzen, hauptsächlich Gräsern

Name: *Acker-Wachtelweizen*
Pflanzenfamilie: Rachenblütler
Vorkommen: auf lehmigen bis tonigen, meist kalksteinhaltigen Äckern, in Halbtrockenrasen
Besonderheit: Halbschmarotzer auf Wurzeln anderer Pflanzen

Name: *Augentrost*
Pflanzenfamilie: Rachenblütler
Vorkommen: auf schwach gedüngten Bergwiesen und in Magerrasen, vorwiegend auf kalkfreien, schwach sauren Böden
Besonderheit: Halbschmarotzer auf Wurzeln anderer Pflanzen

1 Welche der abgebildeten Pflanzen sind Vollschmarotzer? Begründe.

Name: *Sommerwurz*
Pflanzenfamilie: Sommerwurzgewächse
Vorkommen: auf trockenen Wiesen
Besonderheit: zahlreiche Arten, bleich, gelb oder braun; jede einzelne Art ist auf eine oder wenige Wirtspflanzen spezialisiert; Vollschmarotzer auf Wurzeln anderer Pflanzen

Name: *Nestwurz*
Pflanzenfamilie: Orchideen
Vorkommen: in schattigen, humusreichen Laub- und Mischwäldern
Besonderheit: ohne Chlorophyll, ihre Wurzeln haben Kontakt mit Pilzfäden, welche die Laubstreu und den Humus zersetzen und der Pflanze alle lebensnotwendigen Stoffe liefern

Name: *Schuppenwurz*
Pflanzenfamilie: Rachenblütler
Vorkommen: in Auen- und feuchten Laubwäldern
Besonderheit: chlorophyllfrei, blassviolett oder rötlich, Wurzelschmarotzer auf Erle, Hasel, Buche, Pappel

Wahlpflichtbereich: Von der Gerste zum Bier

1 Stoffabbau ohne Sauerstoff – die Gärung

Vor mehr als 6000 Jahren beobachteten unsere Vorfahren, dass sich über längere Zeit aufbewahrte Fruchtsäfte im Geschmack veränderten. Es entstand aus ihnen ein berauschendes Getränk, das wir heute als Fruchtwein bezeichnen würden. Welche Vorgänge in den Fruchtsäften abliefen, blieb bis Anfang des 19. Jahrhunderts unbekannt. Heute kennt man nicht nur die Verursacher, nämlich die Hefepilze, sondern auch den Vorgang, die **alkoholische Gärung**.

Warum tun diese Mikroorganismen das? Die *Hefepilze* ernähren sich von den Inhaltsstoffen der Fruchtsäfte. Sie setzen im Prozess der Gärung aus energiereichen Ausgangsstoffen, wie Traubenzucker, Energie zur Erhaltung ihrer Lebensfunktionen frei. Im Gegensatz zum vergleichbaren Zellatmungsprozess benötigen die Mikroorganismen für die Gärung keinen Sauerstoff. Auch in den Endprodukten unterscheiden sich beide Prozesse. Bei der Atmung wird der Traubenzucker vollständig zu Kohlenstoffdioxid und Wasser abgebaut. Bei der Vergärung von Traubenzucker entsteht dagegen neben Kohlenstoffdioxid nicht Wasser, sondern Alkohol. Da Alkohol im Gegensatz zu Kohlenstoffdioxid und Wasser ein immer noch energiehaltiges Zwischenprodukt darstellt, wird bei der Gärung wesentlich weniger Energie freigesetzt als bei der Zellatmung. Aus diesem Grund ist die Energieausbeute, trotz des gleichen Ausgangsstoffes Traubenzucker, bei der Gärung wesentlich geringer als bei der Zellatmung.

Gärungsvorgänge spielen im Haushalt der Natur eine wichtige Rolle. Neben Hefepilzen beziehen auch verschiedene Bakterienarten ihre Energie aus Gärungsprozessen. Sie spielen bei der Zersetzung abgestorbener Lebewesen unter Luftabschluss in Böden oder im Schlamm von Gewässern eine Rolle. Im Darm von Rindern, Pferden oder Nagetieren erschließen *Darmbakterien* und andere Mikroorganismen die cellulosehaltige Nahrung der Tiere in Gärkammern. Bei den Wiederkäuern, wie z. B. bei den Rindern, spielen sich die Gärungsvorgänge im Pansen ab. Die nicht wiederkäuenden Pferde besitzen einen besonders ausgebildeten Blinddarm als Gärkammer. Auch der Mensch nutzt die Gärungsvorgänge der Mikroorganismen, um Genuss- und Lebensmittel herzustellen oder sie zu konservieren. Bei der Herstellung von Bier und Wein vergären Hefepilze zuckerhaltige Produkte in der alkoholischen Gärung zu Alkohol und Kohlenstoffdioxid. Die **Milchsäuregärung** wird dagegen bei der Herstellung von Sauermilch, Jogurt, Sauerkraut und sauren Gurken eingesetzt. Hierbei bauen *Milchsäurebakterien* Traubenzucker zu Milchsäure ab.

> Verschiedene Mikroorganismen bauen z. B. Traubenzucker ohne Sauerstoff ab. Bei diesen Gärungen setzen sie Energie frei.

1 Fertige ein Versuchsprotokoll für den in Abbildung 1 beschriebenen Versuch an. Das Protokoll sollte Durchführung, Beobachtung und Auswertung beinhalten.
2 Stelle die alkoholische Gärung in einer Wortgleichung dar.
3 Vergleiche Zellatmung und alkoholische Gärung miteinander. Stelle Gemeinsamkeiten und Unterschiede zusammen.
4 Erläutere, warum bei gleichem Ausgangsprodukt (z. B. Traubenzucker) bei der Zellatmung mehr Energie freigesetzt wird als bei der Gärung.

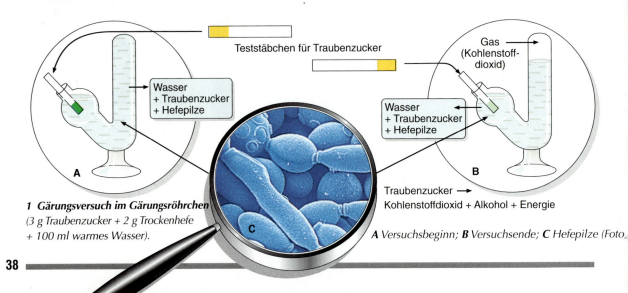

1 Gärungsversuch im Gärungsröhrchen
(3 g Traubenzucker + 2 g Trockenhefe + 100 ml warmes Wasser).

Traubenzucker → Kohlenstoffdioxid + Alkohol + Energie

A Versuchsbeginn; B Versuchsende; C Hefepilze (Foto,

Wahlpflichtbereich: Von der Gerste zum Bier

Eine Mappe zu einem Thema anlegen — Methode

Mithilfe einer Mappe lassen sich Ergebnisse von Arbeiten zu einem bestimmten Thema ordnen und vorstellen.

Als **Mappe** kannst du einen Schnellhefter oder einen Ordner wählen. Gestalte zunächst ein Deckblatt. Gib das Thema und deinen Namen oder die Namen aller Gruppenmitglieder an. Wähle ein schönes Foto für das Deckblatt aus.

Erstelle ein **Inhaltsverzeichnis**, das die Übersicht in deiner Mappe erleichtert.

Gib in einer kurzen *Einführung* einen Überblick über das Thema, zum Beispiel „Bier und Bierbrauen".

Stelle nach einer kleinen Einleitung deine **eigenen Arbeiten** im Hauptteil vor. Beschreibe hier zum Beispiel das Vorgehen beim Herstellen von eigenem Bier. Beschreibe deine Beobachtungen, fertige Skizzen und Fotos an. Beim Bier brauen kannst du zum Beispiel die einzelnen Stufen im Foto festhalten. Arbeite ein Versuchsprotokoll aus und stelle selbst geschriebene oder Fachtexte vor, die zum Thema Bier passen. Auch einen Besuch in einer Brauerei kannst du dokumentieren. Im *Schlussteil* fasst du zusammen, was für dich besonders interessant oder spannend war. Aber auch Dinge, die nicht so abgelaufen sind, wie geplant oder Dinge, die du das nächste Mal anders machen würdest, kannst du festhalten.

In einem **Anhang** kannst du Materialien sammeln, aus denen du Informationen für deine Arbeit entnommen hast. Dazu gehören Fotokopien oder Ausdrucke von Internet-Seiten, Broschüren, Informationsblättern oder Zeitungen.

Stelle am Ende zusammen, welche Bücher, Zeitschriftenartikel oder Internetadressen du als **Informationsquellen** benutzt hast, zum Beispiel:
Römpp, H.: Römpp-Chemie-Lexikon, Stuttgart 1999
www.bier-kwik.de

1 Suche Informationen zum Thema „Bier brauen und Biersorten". Schreibe auf etwa einer halben Seite mit eigenen Worten auf, welche Biersorten in Deutschland bekannt sind.

2 Lege eine eigene Mappe zu diesem Wahlpflichtthema an.

1 Themenmappe. A Deckblatt, **B** Inhaltsverzeichnis, **C** und **D** Beispielblätter aus dem Hauptteil

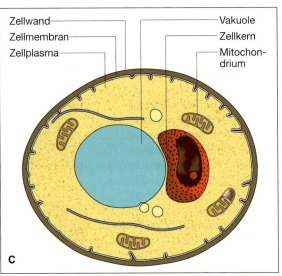

1 Von der Gerste zum Produkt. A *Braugerste;* **B** *Verschiedene Biersorten;* **C** *Hefezelle*

3 Von der Gerste zum Bier

Die Kunst, aus keimenden Getreidekörnern ein berauschendes, alkoholisches Getränk zu bereiten, war schon im Altertum vor etwa 7000 Jahren v. Chr. weit verbreitet. Die alten Ägypter, Assyrer, Babylonier und Sumerer pflegten die Kunst des Brauens. Jedermann im Staat bekam eine bestimmte Menge an Bier zugeteilt, die herrschende Klasse bekam dabei ein besseres Bier als das „normale" Volk. Die Menschen hatten erkannt, dass es oftmals weniger gefährlich war, Bier zu trinken als Wasser. Im Bier konnten sich Krankheitserreger nicht vermehren und verbreiten, da bestimmte Bestandteile des Hopfens eine keimtötende Wirkung hatten. Um die Zeit ab Christi Geburt geriet das Getränk aber in den Verruf, barbarische Wirkung zu haben. Gallier und Germanen, die Feinde der Römer tranken Bier, die Mitglieder des römischen Imperiums bevorzugten dagegen Wein.

Im Mittelalter kam es zu einem Verfall der Bierkultur. Bierpanscher verwendeten Ochsengalle, berauschende Kräuter, Teer und Ruß, um das Bier herb, haltbarer und schmackhafter zu machen. Als der Verfall der Braukunst immer stärkere Ausmaße annahm, erließ im Jahre 1516 der Herzog Wilhelm IV von Bayern das Reinheitsgebot. Bier durfte ab jetzt ausschließlich aus Gerste, Hopfen und Wasser gebraut werden. In Deutschland gilt diese älteste lebensmittelrechtliche Vorschrift noch heute. Hefe wird im Reinheitsgebot nicht erwähnt. Vermutlich wurde sie früher nicht extra zugesetzt, sondern die Gärung wurde durch natürlich vorkommende Hefen auf dem Hopfen ausgelöst.

Bier gehört bis heute zu den beliebtesten Getränken in Deutschland. Dabei gibt es mittlerweile eine Reihe von weiteren Verordnungen, die die Herstellung und den Verkauf regeln. Eine wichtige Rolle spielt dabei die so genannte Stammwürze. Man gibt die Stärke der Stammwürze vor der Vergärung in Prozent an. Eine Stammwürze von 12 Prozent bedeutet, dass in 1000 Gramm Bierwürze vor dem Vergären etwa 120 Gramm, Eiweißstoffe, Mineralien, Vitamine und Aromastoffe enthalten waren, die aus Hopfen und Gerste stammten. Je nach Art des Biers schwankt die Stammwürze zwischen zwei und 28 Prozent. Die Biere werden vom Finanzamt nach ihrem Stammwürzgehalt in Einfachbiere, Schankbiere, Vollbiere und Starkbiere eingeteilt. In Deutschland werden am häufigsten Vollbiere getrunken. Sie machen 99 Prozent der verkauften Biere aus und haben einen Stammwürzgehalt von 11 bis 14 Prozent.

Sehr wichtig für die Herstellung von Bier ist die Verwendung einer geeigneten Hefe. Hefen sind kleine, meist einzellige Schlauchpilze. Man kennt von ihnen etwa 40 verschiedene Gattungen mit über 500 Arten. In der Natur besiedeln sie alle Stellen, an denen vergärbare, zuckerreiche Säfte frei werden. Sie wandeln dabei den aufgenommenen Zucker in Alkohol um, als Nebenprodukt entsteht dabei Kohlenstoffdioxid. Hefen vermehren sich meist ungeschlechtlich durch Zellsprossung. Aus einer Mutterzelle können so bis zu 20 Tochterzellen entstehen. Bei der Bierhefe dauert die Verdopplung durch Sprossung nur 90 Minuten.

Nach der Art der verwendeten Hefe unterscheidet man in obergärige und untergärige Biere. Obergärige Hefe

Wahlpflichtbereich: Von der Gerste zum Bier

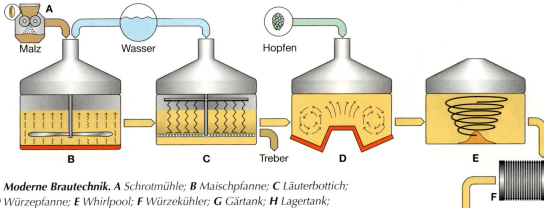

2 Moderne Brautechnik. *A* Schrotmühle; *B* Maischpfanne; *C* Läuterbottich; *D* Würzepfanne; *E* Whirlpool; *F* Würzekühler; *G* Gärtank; *H* Lagertank; *I* Bierfilter; *J* Abfüllung

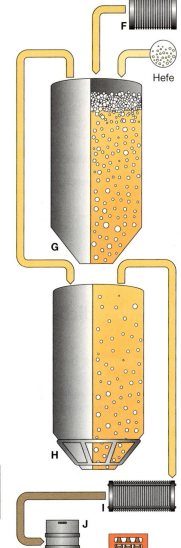

wird zum Beispiel für Weißbier verwendet. Sie gärt am besten bei warmen Temperaturen. Die Hefezellen bilden während der Gärung größere Verbände, die am Ende auf der Gärflüssigkeit liegen. Während obergärige Biere eher mild sind, haben untergärige Biere einen herben und würzigen Geschmack.

Am Ende der Gärung befindet sich die Hefe auf dem Boden des Gärbehälters. Die Hefe braucht Temperaturen, die unter neun Grad Celsius liegen müssen. Zu den untergärigen Biersorten gehört zum Beispiel das Pilsener Bier.

Moderne Braukunst beginnt wie in der Antike mit dem *Mälzen*: Gerstenkörner werden eingeweicht und zum Keimen gebracht. Dabei bilden sich Wirkstoffe wie Enzyme, die enthaltene Stärke in Malzzucker umwandeln. Anschließend wird das so entstandene Braumalz getrocknet.

In der Brauerei werden die Malzkörner zunächst geschrotet. Dazu werden sie in eine Mühle gegeben, die die Körner zu einem groben Schrot zermahlt. In einer Pfanne wird anschließend Wasser erhitzt und der Malzschrot dazugegeben. Dabei entsteht die so genannte Maische. Durch die Enzyme wird die in den Gerstenkörnern enthaltene Stärke zu Malzzucker abgebaut. Im Läuterbottich werden die festen Bestandteile der Maische, der Treber, von der Würze getrennt. Die Würze enthält alle wasserlöslichen Bestandteile und hat einen hohen Gehalt an Malzzucker. Der Treber dient als wertvolles Viehfutter. Die Würze wird zusammen mit Hopfen in der Würzpfanne zum Sieden gebracht. Dabei treten einige Bestandteile des Hopfens wie Bitter- und Aromastoffe aus und gehen in die Würze über. Im Whirlpool werden Trübstoffe entfernt, danach kühlt die Würze ab und wird in den Gärtank gegeben. Dort kommt die Hefe dazu, die einen Teil des Zuckers in Ethanol und Kohlenstoffdioxid umwandelt. Im Lagertank reift das Jungbier anschließend noch einige Wochen. Letzte Reste der Hefe werden im Bierfilter abgetrennt, danach wird das Bier abgefüllt.

> Bier wird aus Gerste, Hopfen und Wasser mithilfe von Hefepilzen gewonnen.

1 Erläutere die Herstellung von Bier in einer modernen Brauerei. Orientiere dich an der Abbildung.

2 Warum muss die Würze erst abkühlen, bevor die Hefe dazugegeben wird?

Bau und Leistungen der Samenpflanzen

Übung Blüten

V 1 Wir untersuchen eine Tulpenblüte

Material: Tulpenblüte; Messer; Lupe; Zeichenmaterial
Durchführung: Betrachte den Bau einer Tulpenblüte und suche die einzelnen Blütenteile.
Schneide mit dem Messer die Tulpenblüte etwa in der Mitte quer durch. Schaue von oben auf diesen Querschnitt. Zeichne den Querschnitt. Du erhältst auf diese Weise einen Blütengrundriss.
Betrachte das Schnittbild des Stempels und zeichne.
Schneide ein Staubblatt in Höhe des Staubbeutels quer durch. Betrachte den Querschnitt mit der Lupe und zeichne.
Beschrifte deine Zeichnungen.
Aufgabe: Vergleiche den Bau der Tulpenblüte mit dem der Kirschblüte. Fertige hierzu eine Tabelle an, in die du die Anzahl der einzelnen Blütenteile einträgst.

A 3 Bestäubungsversuche

Ein Gärtner führte an Kirschblüten seines Kirschbaumes im Frühjahr die abgebildeten Versuche durch. Nur an den Kirschblüten im Versuch 1 bildeten sich nach einigen Wochen Kirschfrüchte.

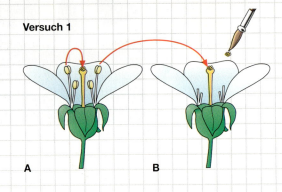

Versuch 1

A   B

A 2 Die Blüte der Berberitze ist reizbar

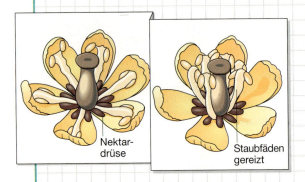

Nektardrüse   Staubfäden gereizt

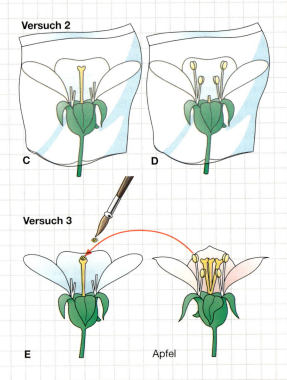

Versuch 2

C   D

Versuch 3

E   Apfel

Berührt man die Staubblätter der Berberitze zum Beispiel mit einer Bleistiftspitze, klappen sie innerhalb von Bruchteilen einer Sekunde nach innen.
a) Welche Bedeutung hat diese Reizbarkeit für die Bestäubung?
b) Durch welche Einrichtungen haben Blüten ihre Bestäubung gesichert? Nimm auch die Seite 46 und 47 zu Hilfe.
c) Weshalb wird die Blüte der Steinnelke nicht von Bienen bestäubt?
d) Bei Zwitterblüten könnte leicht eine *Selbstbestäubung* erfolgen, das heißt, Pollenkörner werden innerhalb einer Blüte von den Staubblättern auf die Narbe übertragen.
Auf welche Weise verhindern Pflanzen in der Regel eine Selbstbestäubung?

Beschreibe die Durchführung der Versuche. Um welche Bestäubungsarten handelt es sich bei den einzelnen Versuchen? Erkläre das jeweilige Versuchsergebnis.

Fruchtformen

Früchte entwickeln sich aus dem Fruchtknoten und umschließen die Samen. Es gibt Früchte, die bei der Reife trocken sind, andere sind saftig.

Bei den **trockenen Früchten** vertrocknet oder verholzt die Fruchtwand bei der Reife. Man unterscheidet:
trockene Schließfrüchte (Samen bleiben von der Fruchtwand umschlossen);
Spaltfrüchte (Frucht bricht auseinander, ohne dabei Samen zu hinterlassen);
Springfrüchte (Frucht springt an den „Nähten" auf oder entlässt Samen durch kleine Öffnungen).

Bei den **saftigen Früchten** ist mindestens eine Schicht der Fruchtwand saftig. Die Samen werden erst nach dem Verfaulen der Fruchtwand frei:
saftige Schließfrüchte (wie z. B. Steinfrüchte und Beeren);
Sammelfrüchte (mehrere ein- oder mehrsamige Einzelfrüchte derselben Blüte sind zusammengewachsen);
saftige Springfrüchte (wie z. B. beim Springkraut).

Bei den **Scheinfrüchten** sind außer den Fruchtblättern noch andere Blütenteile wie z. B. der Blütenboden an der Fruchtbildung beteiligt.

Pinnwand

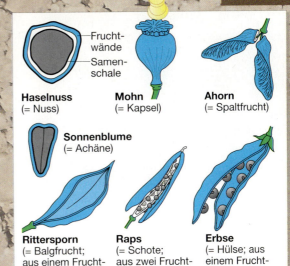

Haselnuss (= Nuss)
Mohn (= Kapsel) — Fruchtwände, Samenschale
Ahorn (= Spaltfrucht)
Sonnenblume (= Achäne)
Rittersporn (= Balgfrucht; aus einem Fruchtblatt; springt an einer Naht auf)
Raps (= Schote; aus zwei Fruchtblättern mit Scheidewand)
Erbse (= Hülse; aus einem Fruchtblatt; springt an zwei Nähten auf)

Stachelbeere. A Blüte; B Beere (Fruchtwand ist außer der Außenhaut durchgehend saftig)

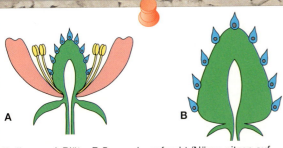

Erdbeere. A Blüte; B Sammelnussfrucht (Nüsse sitzen auf fleischiger Achse)

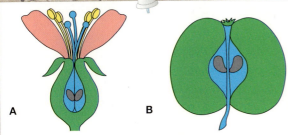

Apfel. A Blüte; B Sammelbalgfrucht (Einzelfrucht ist eine Balgfrucht, Balgfrüchte sind von fleischigem Achsengewebe umgeben)

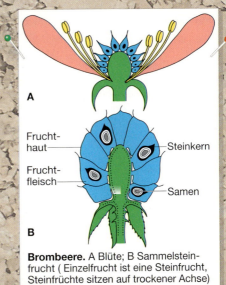

Brombeere. A Blüte; B Sammelsteinfrucht (Einzelfrucht ist eine Steinfrucht, Steinfrüchte sitzen auf trockener Achse) — Fruchthaut, Steinkern, Fruchtfleisch, Samen

Frucht der Walnuss — Fruchthaut, Fruchtfleisch, Steinwand (innere Fruchtwand), Samenschale, Embryo

Bau und Leistungen der Samenpflanzen

1 Löwenzahn. A fruchtende Löwenzahnpflanzen; *B* „Pusteblume" – Fruchtstand des Löwenzahns;

8.3 Verbreitung von Früchten und Samen

In einer schmalen Mauerritze oder sogar in einer Dachrinne kann man manchmal eine blühende Löwenzahnpflanze finden. Wie konnte die Pflanze an diese Stelle gelangen?
Vielleicht hast du schon einmal die kleinen „Fallschirme" einer „Pusteblume" weggeblasen. Bei der „Pusteblume" handelt es sich um den Fruchtstand des Löwenzahns. Die gelbe Blüte des Löwenzahns ist aus mehr als 150 Einzelblüten zusammengesetzt und bildet einen Blütenstand. Aus jeder Einzelblüte entwickelt sich eine Frucht, die man als *Achäne* bezeichnet. Eine Achäne ist eine Nussfrucht, bei der Fruchtwand und Samenschale verwachsen sind. An der Fruchtwand sitzen kleine Widerhaken. Die Frucht selbst hängt über einen Stiel verbunden an einem Haarkelch wie an einem Fallschirm. Bei schönem Wetter hebt der **Wind** die Früchte vom kissenartigen Boden des Fruchtstandes ab und trägt die kleinen Fallschirme davon. Solche Früchte heißen **Flugfrüchte.** Die *Schirmflieger* des Löwenzahns können viele Kilometer weit fliegen, ehe sie zu Boden sinken. Bei ihrer Landung verankern sie sich mit ihren Widerhaken auf einem für sie geeigneten Untergrund und keimen dort zu einer neuen Pflanze aus. Auf diese Weise kann aus einem Samen sogar in einer winzigen Mauerritze mit Erde eine neue Pflanze wachsen.

Flugfrüchte besitzen verschiedene Einrichtungen, um weit von der Mutterpflanze weggetragen zu werden und neue Gebiete zu besiedeln. Mit einem einfachen Haarschopf ausgerüstet sind die Samen der Weidenröschen. Zu solchen *Schopffliegern* gehören auch die Weiden und Pappeln. Ihre „Wattebäuschchen" hast du bestimmt schon öfter auf Straßen und Wegen angetroffen.

2 Klatschmohn. A Reifende Früchte (Kapseln); *B* Streufrucht; *C* Neubesiedlung eines Wegrandes

Bau und Leistungen der Samenpflanzen

C junge Löwenzahnpflanze; D blühender Löwenzahn

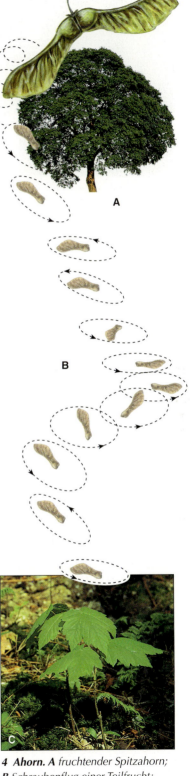

Die Früchte von Birke und Erle sind *Segelflieger*. Sie besitzen zwei häutige Flügel, mit denen sie durch die Luft segeln. „Fliegenden Untertassen" gleichen die Früchte der Ulme. Sie sind in der Mitte einer häutigen Scheibe eingebettet. Bei ihrem Flug rotieren sie um ihre eigene Achse und verringern so ihre Fallgeschwindigkeit.

Auch beim Spitzahorn finden wir Flugfrüchte. Bei der Frucht sitzt der Samen am Ende eines Flügels. Bis zur Fruchtreife hängen jeweils zwei Teilfrüchte zusammen. Wenn der Wind durch einen Spitzahorn mit reifen Früchten bläst, trägt er die nun voneinander getrennten propellerartigen Teilfrüchte davon. Dabei drehen sie sich schraubenförmig und verlängern dadurch ihren Flug. Versuche in einem windstillen Raum haben ergeben, dass eine Ahornfrucht etwa fünfmal solange braucht, um zu Boden zu fallen wie eine Frucht ohne Flügel. In der freien Natur verlängert sich die Fallzeit noch um ein Vielfaches, da der Wind den Flügel erfasst, die Frucht immer wieder hochwirbelt und auf diese Weise weit verbreitet. Auch die Früchte von Hainbuche und Esche gehören zu solchen *Schraubenfliegern*.

Ganz anders sorgen die Mohnpflanzen für die Verbreitung ihrer Samen. Am Ende eines langen Stiels schwanken die reifen Früchte, auch *Mohnkapseln* genannt, im Wind hin und her. Am oberen Kapselrand entstehen bei Fruchtreife kleine Löcher. Mit diesen Poren bildet die Kapsel eine Art Streudose für die in ihr enthaltenen Samen. Die leichten Samen werden beim Schwanken der Kapsel mehrere Meter weit herausgeschleudert. Solche Früchte heißen **Streufrüchte.** Bis zu 20 000 Samen kann eine Klatschmohnpflanze im Jahr verstreuen. Daher ist es nicht verwunderlich, wenn manche Weg- oder Straßenränder in ein Blütenmeer von Klatschmohn verwandelt sind.

3 Ahornfrüchte. ① Bergahorn; ② Feldahorn; ③ Eschenahorn; ④ Zuckerahorn; ⑤ Silberahorn

4 Ahorn. A fruchtender Spitzahorn; **B** Schraubenflug einer Teilfrucht; **C** junger Ahorn

Bau und Leistungen der Samenpflanzen

5 *Schleuderfrucht* (Ginster)   **6** *Klettfrüchte* (Kleblabkraut)   **8** *Lockfrüchte* (Eberesche)

Manche Pflanzen haben zur Verbreitung ihrer Samen Schleudermechanismen entwickelt. Beim Ginster zum Beispiel springen die reifen Früchte, die *Hülsen,* derart heftig auf, dass sich die Fruchtwand schraubig aufrollt. Hierbei werden die Samen bis zu 5 m weit fortgeschleudert. Das Aufspringen der Hülsen kannst du an einem warmen Sommertag sogar hören. Dann knackt es am Ginsterstrauch. Ähnliche **Schleuderfrüchte** haben auch Lupinen.

Die Samen des Schneeglöckchens besitzen fetthaltige Anhänge, die gern von Ameisen gefressen werden. Sie schleppen die Samen fort, verlieren einige davon beim Transport und ermöglichen so ihre Verbreitung. Man bezeichnet sie daher als **Ameisenfrüchte.** Auch Veilchen, Schöllkraut und Taubnesseln haben sich mit den süßen Anhängen ihrer Samen die „Naschhaftigkeit" der Ameisen zunutze gemacht.

Als „blinde Passagiere" gehen alle Früchte mit Klettvorrichtungen auf die Reise. Sie besitzen Hakenhaare, mit denen sie im Fell und Gefieder von Tieren festgekettet, verschleppt und irgendwo wieder abgestreift werden. Auch der Mensch wird zum unfreiwilligen Helfer bei der Verbreitung dieser **Klettfrüchte** wie Kleblabkraut, Klette und Waldmeister.

7 *Früchte und Samen werden unterschiedlich verbreitet*

Die auffällig gefärbten **Lockfrüchte** vieler Bäume und Sträucher wie Eberesche, Eibe, Himbeere, Holunder oder Schneeball werden gern von Vögeln gefressen. Ihre hartschaligen Samen sind meist unverdaulich. Sie werden mit dem Kot ausgeschieden und keimen so weit entfernt von der Mutterpflanze zu neuen Pflanzen aus.

Wasserpflanzen wie Seerose, Teichrose und Wasserhahnenfuß besitzen **Schwimmsamen,** die mit einem „Schwimmgürtel" umgeben sind. Mit der Wasserströmung können die Samen weit fortgetrieben werden.

> Die Verbreitung von Früchten und Samen kann durch Wind, Tiere, Menschen, Wasser oder durch Schleudermechanismen erfolgen. Auf diese Weise können Pflanzen neue Standorte besiedeln.

1 Lasse in einem Raum aus etwa 2,50 m Höhe eine Löwenzahnfrucht zu Boden fallen. Miss mit einer Stoppuhr die Fallzeiten. Entferne den „Fallschirm" und führe den Versuch erneut durch. Vergleiche die Fallzeiten.
Führe eine ähnliche Versuchsreihe mit anderen Flugfrüchten durch.
2 Nenne die Verbreitungsart der Früchte und Samen in Abbildung 7.

UNGESCHLECHTLICHE VERMEHRUNG DER SAMENPFLANZEN

Pinnwand

Erschließungsfeld
Fortpflanzung

Fortpflanzung ist ein Merkmal des Lebens. Sie dient der Erzeugung von Nachkommen mit den wesentlichen Merkmalen der Eltern.

Samenpflanzen können sich auf zweierlei Art vermehren: Meist vermehren sie sich durch *Samen*. Samen entwickeln sich nach der Befruchtung der Eizelle durch eine männliche Geschlechtszelle. Eine solche Fortpflanzung bezeichnet man als *geschlechtliche Fortpflanzung*.

Manche Samenpflanzen sind jedoch in der Lage, sich zusätzlich ohne Ausbildung von Samen zu vermehren. Diese *ungeschlechtliche Vermehrung* erfolgt durch Ausläufer, Ableger, Brutknollen, Wurzelknollen oder Stecklinge. Dabei findet ungeschlechtliche = *vegetative Fortpflanzung* durch Zellteilungen statt.

Die Erdbeerpflanze bildet im Sommer Seitensprosse. Aus der Blattrosette der Mutterpflanze wachsen diese Ausläufer auf dem Erdboden entlang. In bestimmten Abständen werden aus den Knospen Wurzeln und Blätter gebildet. Wenn diese Tochterpflanzen selbstständig Nährstoffe bilden können, vertrocknen die Ausläufer.

Ungeschlechtliche Vermehrung
Vorteile und Nachteile

Durch *ungeschlechtliche* Vermehrung, zum Beispiel über Ausläufer, können schnell viele Nachkommen gebildet werden. Bei dieser Vermehrungsart entsteht ein *Klon*. So bezeichnet man eine Gruppe von Lebewesen mit übereinstimmendem Erbgut und Aussehen. Die bewährten Eigenschaften bleiben unverändert erhalten. Dies ist ein Vorteil bei gleichbleibenden Umweltbedingungen.

Bei der Besiedelung neuer Standorte oder bei sich ändernden Umweltbedingungen ist jedoch die *geschlechtliche* Vermehrung über Geschlechtszellen von Vorteil. Die Erbfaktoren der beiden Elternpflanzen treten bei den Nachkommen in jeweils neuen Kombinationen auf. So unterscheiden sich die Nachkommen in ihrem Erbgut und damit in ihrem Aussehen. Je nach Umweltbedingungen können sich dann diejenigen Pflanzen durchsetzen und vermehren, die am besten an die neuen Verhältnisse, zum Beispiel Klimawechsel, angepasst sind.

Das Brutblatt bildet an den Blatträndern winzige Tochterpflanzen mit Wurzeln und Blättchen. Fallen diese *Ableger* auf die Erde, wachsen sie unter der Mutterpflanze fest. Die Tochterpflanzen können dann in andere Töpfe umgesetzt werden.

Wir züchten Usambaraveilchen aus Blattstecklingen

Zunächst steckt man ein abgeschnittenes Blatt (mit Stiel) vom Usambaraveilchen in ein Gefäß mit Wasser. Haben sich um den Blattstiel zahlreiche Wurzeln gebildet, wird der Steckling in einen kleinen Topf mit Blumenerde gesetzt. Stelle den Blumentopf hell, aber nicht sonnig. Gieße sparsam ohne die Blätter zu benetzen.

Brutknolle

austreibende Brutknolle

Wurzelknolle

Scharbockskraut

Bau und Leistungen der Samenpflanzen

1 Klatschmohn.
A blühend; **B** fruchtend

8.4 Verwandte Pflanzen zeigen gemeinsame Merkmale

Es ist Sommer. Die Getreidefelder werden gelb. Am Feldrand leuchten die roten Blüten des *Klatschmohns*. Auch blaue *Kornblumen* und weiße Blütenköpfe der *Kamille* sind zu erkennen.

Wer die Vegetation eines Feldraines genauer untersucht, findet viele unterschiedliche Pflanzenarten. Sie unterscheiden sich zum Beispiel im Blütenbau und in der Fruchtform voneinander.

Betrachten wir eine Blüte des Klatschmohns genauer. Deutlich lassen sich die kreisförmig angeordneten, freien Kronblätter erkennen. Ihre Anzahl kann zwischen vier und sechs schwanken. Außerdem besitzt die Blüte zwei Kelchblätter. Der oberständige Fruchtknoten ist von vielen Staubblättern umgeben. In ihm liegen die Samenanlagen. Nach der Bestäubung und Befruchtung entwickelt sich eine kugelförmige Kapsel. Ist sie reif, öffnet sie auf der Oberseite ihre Poren. Die schwarzen Samen fallen heraus und werden vom Wind verbreitet. Bei uns wächst nicht nur der wilde Klatschmohn. Angebaut wird eine dem Klatschmohn ähnliche **Art,** die Kulturpflanze *Schlafmohn*. Die Blüten haben weiße Kronblätter, die am Grunde violett erscheinen. Die Samen werden zur Gewinnung von Mohnöl und zum Backen verwendet. Weitere Arten sind der *Saatmohn* und der *Sandmohn*. Auch als Zierpflanze für den Garten werden verschiedene Mohnarten angeboten. Dort gedeiht zum Beispiel der gelb blühende *Islandmohn*.

Die Mohnarten unterscheiden sich in der Fruchtform voneinander. Sie sind eng miteinander verwandt und bilden die **Gattung Mohn.** Alle Mohnpflanzen besitzen einen weißen Milchsaft, der in Gefäßen transportiert wird. Die Gattung umfasst insgesamt über 50 Mohnarten. Mehrere verwandte Gattungen wie Mohn und Schöllkraut bilden zusammen die **Familie** der **Mohngewächse.**

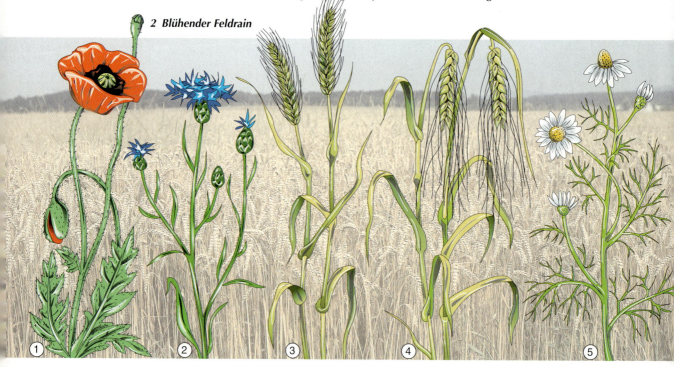

2 Blühender Feldrain

Bau und Leistungen der Samenpflanzen

Andere Pflanzenfamilien kennst du bereits. Die Blütenstände der *Echten Kamille* bestehen aus weißen Zungenblüten, die gelbe Röhrenblüten umgeben. Weil der Blütenstand einem Korb ähnelt, bezeichnet man die gesamte Pflanzenfamilie als **Korbblütengewächse.** Die Echte Kamille hat einen typischen Duft und ist außerdem am kegelförmigen, hohlen Korbboden von anderen Kamillearten zu unterscheiden.

Ganz ähnliche Blütenstände zeigt das *Knopfkraut* oder *Franzosenkraut*, eine weitere Wildpflanze am Ackerrand, die zu den Korbblütengewächsen gehört.

Auf vielen Feldern fallen im Spätsommer auch die großen Blütenkörbe der *Sonnenblume* ins Auge, ebenfalls ein Korbblütengewächs. Diese Nutzpflanze wird vor allem wegen ihrer Samen angebaut. Man gewinnt aus ihnen Sonnenblumenöl und nutzt sie als Tierfutter.

Ein häufig zu sehendes Korbblütengewächs ist die *Kornblume*. Ihre blauen Blütenköpfe bestehen nur aus Röhrenblüten. Die äußeren Blüten sind hier größer als die inneren.

Auf Feldern und an Feldrändern finden sich noch weitere Vertreter anderer Pflanzenfamilien. Unsere Hauptgetreidearten *Weizen*, *Roggen* und *Gerste* zeigen viele gemeinsame Merkmale. Ihr Stängel ist besonders stabil und biegsam. Es ist ein hohler Halm mit Knoten. Die Getreidearten blühen eher unscheinbar. Ihre Blütenstände bestehen aus vielen Blüten, die in Ährchen zusammengefasst sind. Jedes Ährchen trägt am Grunde zwei Hüllspelzen. Mehrere Ährchen bilden die Getreideähre. Die vielen gemeinsamen Merkmale im Bau der Pflanzen weisen auch hier auf Verwandtschaft hin. Unsere Hauptgetreidearten gehören alle zu einer Pflanzenfamilie, den **Süßgräsern.**

Auf Feldern wachsen oft zwei eng verwandte Stiefmütterchenarten. Es sind das gelb-weiß blühende *Feldstiefmütterchen* und das gelb-violett blühende *Wilde Stiefmütterchen*. Ihre Blüten sind zweiseitig symmetrisch und bestehen aus fünf Kronblättern. Das unterste Kronblatt trägt einen Sporn. Beide Arten gehören zur Familie der **Veilchengewächse.**

> Verwandte Pflanzen zeigen gemeinsame Merkmale im Blütenbau und in der Fruchtform. Eng verwandte Arten werden zu einer Gattung zusammengefasst. Mehrere verwandte Gattungen bilden eine Pflanzenfamilie.

1 Beschreibe den Bau der Blüte und der Frucht des Klatschmohns. Nutze dazu die Abbildung 1.

2 Benenne die in der Abbildung 2 gezeichneten Pflanzen. Ordne sie einer Familie zu.

⑥ ⑦ ⑧ ⑨ ⑩

Bau und Leistungen der Samenpflanzen

Übung: Kennübungen an Samenpflanzen

A1 Bestimmung von Blütenpflanzen

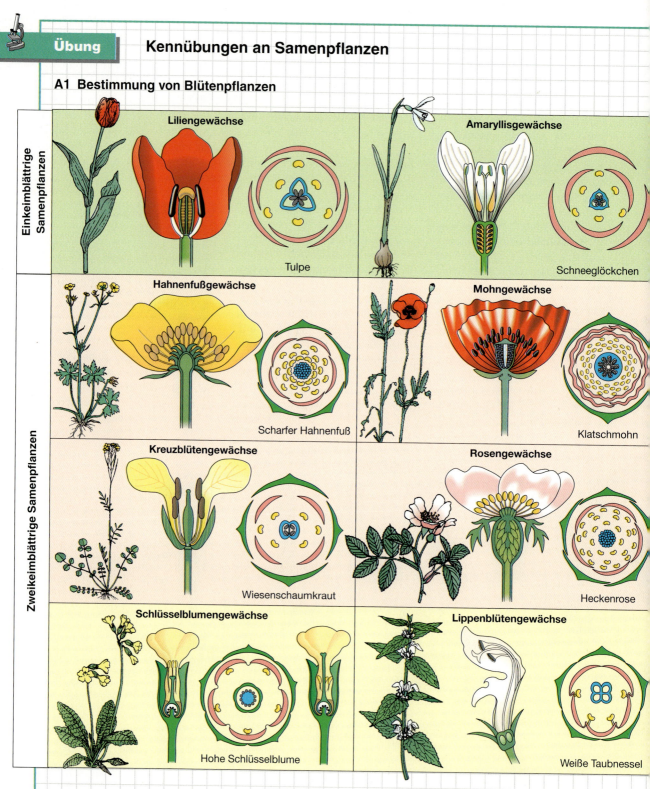

a) Finde heraus, nach welchen Merkmalen die abgebildeten Familien der Samenpflanzen in drei Gruppen (oben, Mitte, unten) eingeteilt sind.

Bau und Leistungen der Samenpflanzen

b) Ordne den hier abgebildeten Familien möglichst viele Pflanzen zu, die du kennst.

Bau und Leistungen der Samenpflanzen

Methode — **Arbeit mit Bestimmungsliteratur**

Im Buchhandel gibt es ganz unterschiedliche Bücher zum Bestimmen von Pflanzen. Die populärwissenschaftlichen Werke arbeiten meist mit einfachen, gut erkennbaren Merkmalen. Sie ordnen die Pflanzen zum Beispiel nach der Blütenform und der Blütenfarbe. Fotos und Beschreibungstexte liefern ein exaktes Bild von der Pflanze. In einigen Büchern gliedert man zusätzlich nach dem Lebensraum.

Die wissenschaftliche Literatur nutzt **Bestimmungsschlüssel,** die sehr viele Pflanzenmerkmale berücksichtigen. Dabei wird nach den Blütenmerkmalen ebenso gefragt wie nach den Blättern, dem Stängel oder den Früchten. Zusätzlich werden oft Zeichnungen, manchmal auch Fotos verwendet. Für jedes zu prüfende Merkmal gibt es zwei Alternativen, der Schlüssel ist also zweigabelig (= dichotom) verzweigt. Richtige Entscheidungen führen erst zur Familie und dann zur Gattung und zum Artnamen der Pflanze. Beim Bestimmen wird der Weg notiert.

Tipps zum Bestimmen

- Bereite deinen Arbeitsplatz vor. Du brauchst ein Bestimmungsbuch, eine Pinzette und eine Lupe.
- Betrachte die Pflanze genau. Achte besonders auf folgende Merkmale:
    → Blüte radiär oder zweiseitig symmetrisch
    → Blüte in Kelch und Krone gegliedert
    → Kronblätter frei oder verwachsen
    → Anzahl der Kronblätter
    → Anzahl der Kelchblätter
    → Anzahl der Staubblätter
    → Fruchtknoten ober-, mittel- oder unterständig
- Beginne im Bestimmungsschlüssel für die Hauptgruppen oder bei der Pflanzenfamilie, wenn du diese erkannt hast.
- Notiere jeweils die Seitenzahl, auf der dein Bestimmungsweg beginnt.
- Lies das Merkmalspaar genau durch. Entscheide dich und protokolliere die Ziffer, die zutrifft.
- Gib für deine Pflanze immer die Familie, den deutschen und wenn möglich den lateinischen Namen an.

1 Bestimme drei von der Lehrerin bzw. vom Lehrer ausgegebene Pflanzen.

Bau und Leistungen der Samenpflanzen

Herbarisieren nach ausgewählten Schwerpunkten

Methode

Ein Herbarium ist eine Sammlung getrockneter und gepresster Pflanzen. Es dient sowohl Lehr- als auch Archivzwecken. Da getrocknete Pflanzen bei sachgemäßer Behandlung die meisten wichtigen Merkmale behalten, werden von jeder neu gefundenen und gültig beschriebenen Pflanzenart Herbarblätter angefertigt. Dazu wird die getrocknete Pflanze auf einem Papierbogen fixiert und mit den Belegdaten versehen.

Herbarien gab es erstmals im 16. Jahrhundert. Trotz aller modernen Dokumentationsmöglichkeiten sind sie bis heute unverzichtbarer Bestandteil der systematischen Forschungsarbeit.

Für Schule oder Studium kann man Herbarien nach unterschiedlichen Schwerpunkten anlegen. Folgende Varianten wären denkbar:
- Sammlung von Pflanzen eines Ökosystems zum Beispiel nach den Erschließungsfeldern „Vielfalt" oder „Zeit". Man kann hier auch Aspektfolgen dokumentieren.
- Sammlung von Pflanzen, die bestimmte Umweltbedingungen anzeigen. Diese Form könnte ökologische Gesichtspunkte wie Schatten- und Lichtzeiger, oder Feuchte- und Trockenpflanzen beinhalten. Hier arbeitet man mit den Inhalten des Erschließungsfeldes „Angepasstheit".
- Sammlung von Pflanzen ausgewählter Pflanzenfamilien. Hier kommen im Unterricht besprochene Familien wie Kreuzblüten-, Schmetterlings- oder Lippenblütengewächse in Frage. Natürlich könnten auch Vertreter weiterer Familien wie Rosen- oder Korbblütengewächse herbarisiert werden.

Tipps zum Herbarisieren

- Sammle bei trockenem, nicht zu warmem Wetter.
- Sammle nur Pflanzen, die nicht geschützt sind.
- Lege deine Pflanzen in Kunststofftüten (zum Beispiel Gefrierbeutel), denen du einen Zettel mit genauem Fundort beifügst.
- Verarbeite die Pflanzen zu Hause gleich weiter.
- Lege jede Pflanze auf eine Lage Zeitungspapier.
- Richte die Pflanze aus. Blattvorderseiten zeigen zum Beispiel nach oben.
- Decke schwierige Details ab oder umgib dicke Blütenstände mit zusätzlichem Zeitungspapier. Orientiere dich an der Abbildung. Lege einen kleinen Zettel mit Namen, Datum und Fundort dazu.
- Decke mit einer weiteren Lage Papier ab.
- Beschwere mit Büchern.
- Kontrolliere nach zwei bis drei Tagen. Jetzt kannst du noch umgeknickte Teile in Ordnung bringen.
- Lass die Pflanzen etwa zehn Tage trocknen.
- Lege immer eine Pflanze auf etwas dickeren weißen Zeichenkarton.
- Klebe die Pflanze vorsichtig mit dünnen Streifen durchsichtigem Klebeband auf.
- Beschrifte wie in der Abbildung gezeigt.

Name:	Gänseblümchen
	Bellis perennis
Familie:	Korbblütengewächse
Fundort:	Gut Mölkau
Datum:	15.6.2005

Bau und Leistungen der Samenpflanzen

Vernetze dein Wissen

A 1

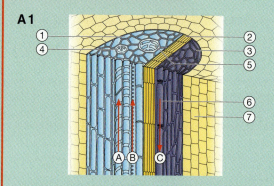

a) Ordne den Ziffern die passenden Begriffe zu.
b) Die Pfeile A, B und C weisen auf den Transport von Stoffen hin. Erläutere für jeden Pfeil, welcher Stoff transportiert wird, aus welchem Teil der Pflanze dieser Stoff kommt und wohin er transportiert wird.

A 2

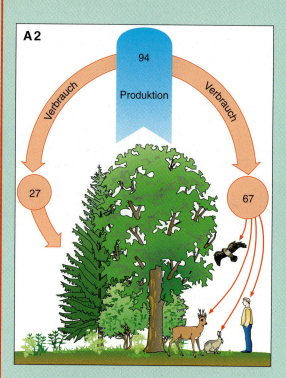

In der Abbildung werden die Sauerstoffproduktion und der Sauerstoffverbrauch in einem natürlichen Kreislauf dargestellt (Angaben in Milliarden Tonnen). Erläutere die Prozesse, die den Sauerstoffgehalt der Atmosphäre beeinflussen.

A 3

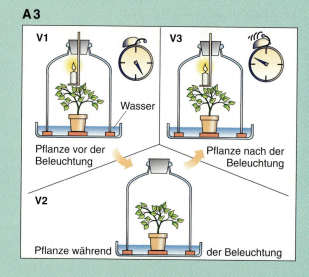

a) Fertige ein Versuchsprotokoll für die dargestellten Versuche 1 bis 3 an. Das Protokoll setzt sich aus den Teilen *Durchführung*, *Beobachtung* und *Auswertung* zusammen.
b) Wie kommt die unterschiedliche Brenndauer der Kerze in den Versuchen 1 und 3 zustande?

A 4

Hinweis: Kohlenstoffdioxid wird in Kalkwasser gebunden. Dies trübt sich dabei milchig.
a) Beschreibe die dargestellte Versuchsanordnung.
b) Mit dem Blasebalg wird Luft durch die Versuchsanordnung gepumpt. Beschreibe das Versuchsergebnis und erläutere dieses.
c) Wende das Erschließungsfeld „Stoff und Energie" auf den hier gezeigten Stoffwechselprozess an.

Bau und Leistungen der Samenpflanzen

A5 Die Abbildung zeigt den Querschnitt eines Rotbuchenblattes.
a) Benenne die einzelnen Teile.
b) Nenne Blattzellen, die Chloroplasten enthalten.
c) Wende das Erschließungsfeld „Struktur und Funktion" auf das Laubblatt an.

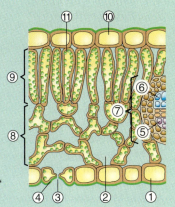

A6 Schreibe den Vorgang der Fotosynthese als Wortgleichung und als chemische Gleichung.

A7 Schreibe den Vorgang der Zellatmung als Wortgleichung und als chemische Gleichung.

A8 Vergleiche Zellatmung und Gärung miteinander. Stelle dazu Gemeinsamkeiten und Unterschiede in einer Tabelle zusammen. Berücksichtige Organismen, Ausgangsstoffe, Reaktionsprodukte und gewinnbare Energie.

A9 Nenne sechs unterschiedliche Faktoren, die das Wachstum einer grünen Samenpflanze beeinflussen.

A10 Die Abbildung zeigt eine Walderdbeerenpflanze.

a) Auf welche Art werden ihre Früchte verbreitet? Erläutere.
b) Ordne die entsprechende Fruchtart zu.
c) Nenne drei weitere Früchte und ihre Verbreitung.

a) Zu welcher Pflanzenfamilie gehört die abgebildete Blüte? Begründe.
b) Zeichne anhand des Fotos ein Blütenschema dieser Blüte. Benenne die Blütenteile und ihre Funktion.
c) Wende das Erschließungsfeld „Fortpflanzung" auf dieses Beispiel an.

A12 Diese Blüte gehört zu einer Fliegenragwurz. Obwohl diese Blüte keinen Nektar besitzt, wird sie von Fliegen bestäubt, die sie regelmäßig aufsuchen. Dabei besuchen hauptsächlich männliche Fliegen diese Blüte und versuchen, sich mit der Blüte zu paaren (Paarungsverhalten). Außerdem verströmt die Blüte einen Duft, der demjenigen einer weiblichen Fliege ähnelt.

a) Erläutere diesen Zusammenhang. Nutze die Inhalte des Erschließungsfeldes „Wechselwirkung".
b) Welchen Vorteil besitzt diese Verhaltensweise der Fliege für die Blütenpflanzen?
c) Welchen Nachteil besitzt diese Verhaltensweise der Fliege für die Fliege?

Pinnwand

MOOSE UND FARNE

Name: *Weißmoos*
Aussehen: große, weißgrüne Polster; Pflänzchen bis 20 cm hoch; Spitzen der Blättchen röhrenförmig; sehr kleine Kapsel (1 mm lang)
Sporenreife: Herbst (sehr selten)
Vorkommen: Eichen- und Buchenwälder; saure Böden; Fichtenwälder

Querschnitt durch ein Moosstämmchen

- Wasser führende Zellen (einfaches Leitgewebe)
- Oberhautzellen (einfaches Abschlussgewebe)
- Grundgewebe

Name: *Silber-Birnmoos*
Aussehen: rasenförmige, silbrig-grüne Polster von etwa 2 cm Höhe; Blätter dachziegelartig angeordnet; Kapselstiel bis 2 cm lang, rötlich; Sporenkapsel zylindrisch, hängend
Sporenreife: fast ganzjährig
Vorkommen: trockene, sandige Böden; Kies und Sandsteinfelsen; Mauern, Pflasterritzen, Dächer

Name: *Sparriges Torfmoos*
Aussehen: großes Moos in lockeren, schwammig-weichen Polstern; Stängel bis 20 cm lang; Blätter mit sparrig abstehenden Spitzen; Kapselstiel etwa 1 cm lang; kugelige Kapsel
Sporenreife: Frühling bis Sommer
Vorkommen: sumpfige Wiesen und Wälder; nährsalzreiche Flachmoore

Name: *Brunnenlebermoos*
Aussehen: flächiger, nicht in Stängel und Blätter gegliederter Körper (= Lager oder Thallus); weibliche Pflanze mit Archegonien; aus der Zygote wächst der gestielte Sporenträger mit sternförmigem Schirm hervor; unter den Strahlen sitzen die Sporenkapseln; männliche Pflanzen mit gestielten Scheiben, in die Antheridien eingesenkt sind
Sporenreife: ganzjährig
Vorkommen: feuchte Standorte, auch in Gewächshäusern
Besonderheit: ungeschlechtliche Vermehrung durch Brutkörperchen in Brutbechern der Thallusoberseite

Name: *Hornzahnmoos*
Aussehen: rötliche bis braungrüne Polster; Pflänzchen etwa 3 cm lang; Blättchen trocken anliegend und etwas gedreht; Kapselstiel bis 3 cm lang, rötlich; Kapsel geneigt mit kropfartiger Erweiterung am Grund
Sporenreife: Frühling bis Sommer
Vorkommen: Sand- und Humusböden in Wäldern, Wiesen und Heiden; Mauern, Felsen und Dächer

Name: *Tüpfelfarn*
Wedellänge: 10 bis 40 cm
Sporenreife: Juli bis September
Vorkommen: feuchtwarme, meist halbschattige Standorte an Felsen, auf Baumstümpfen und kalkfreien Waldböden
Besonderheit: Die runden Sporenkapselhäufchen (Name!) sind nicht von einem Schleier bedeckt. Die einfach gefiederten Blätter überdauern den Winter.

Name: *Mauerraute*
Wedellänge: 5 bis 30 cm
Sporenreife: über das ganze Jahr
Vorkommen: kalkhaltige Standorte wie besonnte Mauern und Felsen
Besonderheit: Ausbildung von Wedeln mit Sporenkapselhäufchen und gleich aussehenden Wedeln ohne Sporenkapselhäufchen

Name: *Rippenfarn*
Wedellänge: 15 bis 50 cm
Sporenreife: Juli bis August
Vorkommen: saure, feuchte bis nasse Wald- und Heideböden
Besonderheit: Ausbildung von Wedeln mit und ohne Sporenkapselhäufchen. Die Wedel ohne Sporenkapselhäufchen sind kleiner und immergrün. Die einfach gefiederten Blätter erinnern an die vom Brustbein abgehenden Rippen (Name!).

Name: *Wurmfarn*
Wedellänge: 30 bis 120 cm
Sporenreife: Juli bis September
Vorkommen: Laubwälder mit feuchten, nährsalzreichen Böden; Ufergebüsch von Bächen
Besonderheit: Aus dem Erdspross wurde früher ein Mittel gegen Würmer (Name!) im Darm des Menschen gewonnen.

Name: *Adlerfarn*
Wedellänge: 50 bis 200 cm
Sporenreife: Juli bis Oktober
Vorkommen: sandige, kalkfreie Standorte wie Waldlichtungen und Heiden
Besonderheit: Auf dem Querschnitt (A) durch den unteren Teil des Blattstiels erkennt man die Figur eines Adlers mit zwei Köpfen (Name!), die durch die Leitbündel gebildet wird.

1 Vergleiche den Bau der Sprossachse des Farnes mit dem Bau des Moosstämmchens.

Querschnitt durch die Sprossachse eines Farnes

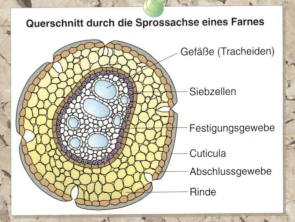

- Gefäße (Tracheiden)
- Siebzellen
- Festigungsgewebe
- Cuticula
- Abschlussgewebe
- Rinde

Wahlpflichtbereich: Moose, Farne und Pilze

1 Fliegenpilze im Wald

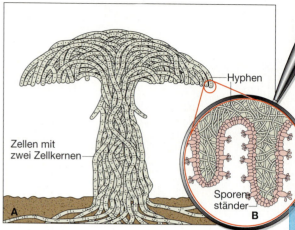

2 **Schema. A** Fruchtkörper; **B** Lamellen mit Sporenständern

3 Pilze

Bei einem Spaziergang im Spätsommer fallen im Wald die roten Hüte der Fliegenpilze auf.
Während bei jungen Pilzen fast der gesamte rote **Hut** noch von einer weißen Hautschicht bedeckt ist, zerreißt diese beim Wachstum immer mehr, sodass die weißen Hutflecken entstehen. Der anfangs kugelige Hut mit den weißen **Lamellen** an seiner Unterseite verbreitert sich, während unter ihm der **Stiel** länger wird. Zum Boden hin verdickt sich der Stiel zum knolligen **Fuß**. An ihm lassen sich feine weiße Fäden erkennen, die **Hyphen**. Ein Schnitt zeigt, dass der gesamte oberirdische Pilz aus Hyphen besteht. Im Erdboden verzweigen sie sich und bilden ein Fadengeflecht, das **Mycel**. Es stellt den eigentlichen Pilz dar. Mit den Hyphen durchzieht der Pilz den Boden und nimmt Nährstoffe auf.
Pilze sind keine Pflanzen. Sie enthalten kein Chlorophyll und können keine Fotosynthese durchführen. Sie ernähren sich heterotroph, indem sie Nährstoffe aufnehmen, die andere Lebewesen gebildet haben. Die Zellwand der Hyphen besteht nicht aus Zellulose, sondern größtenteils aus Chitin. Pilze bilden daher ein eigenes Reich der Lebewesen.
Der Fliegenpilz ist ein **Ständerpilz**, da sich in den Lamellen die äußeren Hyphen verdicken und zu Sporenständern werden: Aus jeder dieser Hyphenzellen entstehen bei der Reifung des Pilzes vier einzellige **Sporen**, die nach unten auf den Boden fallen und auskeimen können. Die Zahl der Sporen kann in die Billionen gehen. Treffen zwei verschiedene keimende Sporen aufeinander, verschmelzen sie miteinander; jede Zelle enthält dann zwei Zellkerne. Bei feucht-warmem Wetter im Spätsommer kann das unterirdische Mycel oberirdische **Fruchtkörper** bilden, die uns als „Pilze" bekannt sind. Fruchtkörper dienen mit ihren Sporen der Verbreitung der Pilze.

> Pilze bilden ein eigenes Reich der Lebewesen. Typisches Merkmal ist ihre Zellwand aus Chitin.

1 Wende die Erschließungsfelder „Vielfalt" und „Fortpflanzung" auf Pilze an.

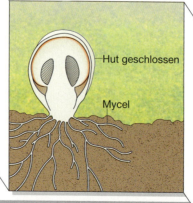
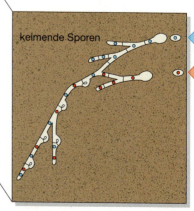

3 Entwicklung von Pilzen

VIELFALT DER PILZE

Fliegenpilz

Frühjahrslorchel

Pfifferling

Steinpilz

Röhrenpilze

Blätterpilze

Leistenpilze

Stachelpilze

Korallenpilze

Stäublinge

Baumporlinge

Becherlinge

Morcheln

Lorcheln

Keulenpilze

Rotkappe

Erdstern

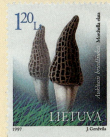
Hohe Morchel

Gelbfuß

Pilze lassen sich äußerlich nach der Form ihrer Fruchtkörper unterscheiden. Diese Fruchtkörper können ganz unterschiedlich aussehen. Einige Beispiele sind hier abgebildet.

1 Ordne den Pilzformen die entsprechenden Pilzarten zu.

2 Fertige von drei Pilzen deiner Wahl einen Steckbrief an. Gehe dabei auf Aussehen, Vorkommen und Essbarkeit ein.

Zusammenhänge im Ökosystem

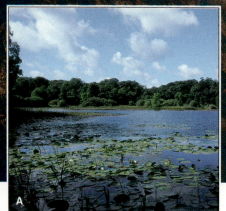

1 Die Erde aus dem Weltall.
A Ökosystem See; B Ökosystem Laubwald

1 Nicht alle Ökosysteme sind gleich

Eine Satellitenaufnahme der Erde zeigt ganz unterschiedliche Regionen. So lassen sich zum Beispiel Wüsten, Waldflächen, Meere und Hochgebirge erahnen. Alle diese belebten Gebiete der Erde gehören zur **Biosphäre.** Hier leben verschiedene Pflanzen und Tiere, die mit ihrer Umgebung in Beziehung stehen. Die Wechselbeziehungen zwischen Organismen und ihrer Umwelt untersucht die **Ökologie.** Sie erforscht auch die Umweltbedingungen, Nahrungsbeziehungen und Stoffkreisläufe in Lebensräumen.

In unserer Biosphäre finden sich die unterschiedlichsten Formen von Beziehungen zwischen Lebewesen. Die kleinste Einheit ist das **Individuum.** Hinter diesem Begriff verbirgt sich zum Beispiel ein Bakterium, eine Pflanze, ein Pilz oder eine Waldmaus. Eine Gruppe von Individuen derselben Art bildet eine **Population.** Sie kommt in einem abgegrenzten Gebiet, dem Lebensraum, vor. Ein Lebensraum, auch *Biotop* genannt, ist durch charakteristische Umweltfaktoren gekennzeichnet. Manche Standorte sind zum Beispiel ständig feucht, andere meist trocken. Einen Trockenrasen prägt ein sonniges und warmes Klima. Andere Lebensräume, wie ein Buchenwald, sind kühl und schattig. Solche Umwelteinflüsse, zu denen außer Feuchtigkeit, Licht und Wärme auch Wind und Bodenbeschaffenheit gehören, nennt man **abiotische Umweltfaktoren.** Die Böden eines Biotops unterscheiden sich in Struktur, Durchlüftung, Nährsalzgehalt und pH-Wert.

Im Lebensraum Wald kommen Populationen verschiedener Tier- und Pflanzenarten vor. Nicht nur für

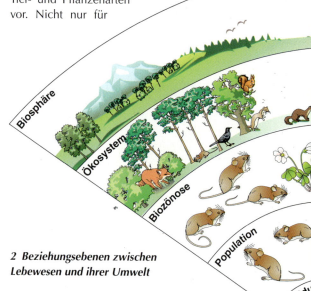

2 Beziehungsebenen zwischen Lebewesen und ihrer Umwelt

Zusammenhänge im Ökosystem

Waldmäuse, Rehe, Dachse und Füchse ist der Wald ein geeigneter Lebensraum. Auch viele Insekten- und Vogelarten leben dort. Sie bilden gemeinsam eine *Lebensgemeinschaft,* die **Biozönose.** Die Beziehungen zwischen den Mitgliedern einer Biozönose sind vielfältig. Eine Waldmaus ernährt sich unter anderem von Wurzeln und Beeren. Sie wird ihrerseits vom Fuchs oder Sperber gefressen. Es ergeben sich also verschiedene Nahrungsbeziehungen. Die Mitglieder einer Population konkurrieren in ihrem Lebensraum um Nahrung und Wohnplätze. Solche Beziehungen der Mitglieder einer Biozönose bezeichnet man als **biotische Umweltfaktoren.** Zu ihnen zählen neben Nahrungsbeziehungen und Konkurrenz auch Krankheitserreger, Parasiten und bei Blütenpflanzen deren Bestäuber.

Die Biozönose bildet zusammen mit den unbelebten Elementen, dem Biotop, ein **Ökosystem.** In unserem Beispiel ist das entsprechende Ökosystem der Laubmischwald. Ökosysteme unterscheiden sich in ihrer Größe und Artenvielfalt. Der tropische Regenwald ist ein sehr großes und artenreiches Ökosystem, ein Feld dagegen ein sehr kleines. In Feldern kommen relativ wenig verschiedene Tier- und Pflanzenarten vor.

Ökosysteme lassen sich auch in **terrestrische** und **aquatische** Ökosysteme einteilen. Zu den Landökosystemen zählen tropische Regenwälder, Nadel- und Laubwälder, Wiesen und Wüsten. *Wasserökosysteme* sind Ozeane, Seen, Teiche und Flüsse. Hier spielen andere abiotische Faktoren wie der Salzgehalt, die Wassertemperatur und vorhandene Strömungen eine Rolle. Manche Ökosysteme wurden erst durch den Menschen geschaffen. Zu ihnen gehören Städte, Dörfer, Felder und die meisten Wiesen.

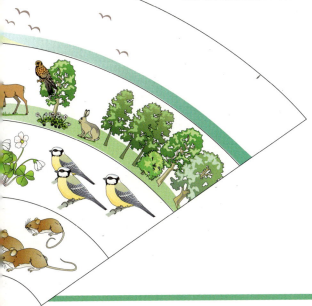

3 Biotop und Biozönose bilden ein Ökosystem

> In einem Lebensraum wirken unterschiedliche abiotische Faktoren wie Licht, Temperatur, Feuchtigkeit und Bodenbeschaffenheit. Ein Ökosystem ist eine Einheit, in der Biotop und Biozönose in Wechselbeziehung zueinander stehen. Man unterscheidet terrestrische und aquatische Ökosysteme.

1 Erkläre mithilfe der Abbildungen 2 und 3 die Begriffe Population, Biotop, Biozönose, Ökosystem.
2 Nenne biotische und abiotische Umweltfaktoren, die auf eine Waldmaus wirken.
3 Nenne jeweils drei Beispiele für artenarme und artenreiche Ökosysteme.
4 Wende das Erschließungsfeld „Ebene" auf Abbildung 2 an.

Zusammenhänge im Ökosystem

2 Der See

2.1 Zonierung des Sees

Nähert man sich im Sommerhalbjahr einem See, kann man dies bereits in einiger Entfernung vom Ufer feststellen. Zunächst stößt man meist auf den **Erlenbruchwald.** Nur wenig Licht fällt durch das dichte Blätterdach auf den nassen Boden. In der *Strauchschicht* wachsen Schwarze Johannisbeeren und Himbeeren. Lianenartige Pflanzen wie Hopfen und Bittersüßer Nachtschatten klettern an Bäumen und Sträuchern empor. Zusammen mit der aus Seggen, Wasserschwertlilien und weiteren Arten bestehenden *Krautschicht* bilden sie ein kaum zu durchdringendes Dickicht.

In diesem Bereich des Seeufers ist die Staunässe des Bodens für viele Pflanzen ein großes Problem. Nur angepasste Arten wie die Erle können hier überleben. Um Sauerstoff aus dem Wasser aufnehmen zu können, bildet die Erle besonders feine Wasserwurzeln. So kann sie auch längere Überflutungen des Wurzelbereichs während eines Hochwassers überdauern. Bei anderen Arten wie der Wasserschwertlilie durchziehen luftgefüllte Röhren die Pflanzen. Sie versorgen die Wurzeln mit Sauerstoff.

Zum Wasser hin schließt sich die **Röhrichtzone** dem Erlenbruchwald an. Das für das Röhricht charakteristische Schilfrohr dringt bis zu einer Wassertiefe von zwei Metern in den See vor. Ein weit verzweigter Wurzelstock verankert die Pflanze im weichen Grund und gibt ihr Standfestigkeit. Durch die Biegsamkeit der Halme bleiben auch bei starkem Wind oder Wellenschlag die Pflanzen unbeschädigt. Rohrkolben, Blutweiderich, Froschlöffel und andere Sumpfpflanzen begleiten das Schilfrohr in den flacheren Röhrichtbereichen. Zur Seefläche lockert sich das Röhricht auf und die peitschenartigen Halme der Gemeinen Teichsimse ragen aus dem Wasser.

Besonders auffällig sind die weißen Seerosen der sich anschließenden **Schwimmblattpflanzenzone.** Ihre großen Schwimmblätter liegen auf der Wasseroberfläche und sind über meterlange, elastische Stängel mit den im Boden verankerten Wurzeln verbunden. Auch diese Pflanzen besitzen ein ausgeprägtes Durch-

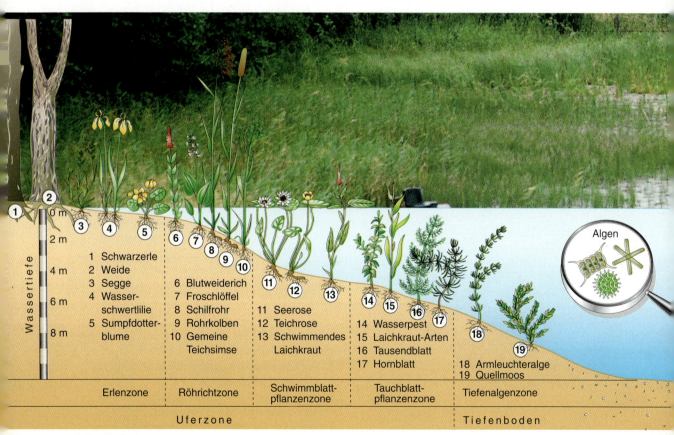

1 See im Sommer

Zusammenhänge im Ökosystem

lüftungsgewebe, das über die auf der Blattoberfläche liegenden Spaltöffnungen mit der Außenluft verbunden ist.

Schließlich folgen noch die **Tauchblattpflanzenzone** mit Wasserpest und Hornblatt sowie in lichtdurchfluteten, klaren Seen die **Tiefenalgenzone** mit Armleuchteralgen und Quellmoos. Diese Pflanzen nehmen Nährsalze und Kohlenstoffdioxid mit ihren Blättern aus dem Wasser auf. Spaltöffnungen und Wasserleitungsbahnen fehlen deshalb. Die Wurzeln dienen nur der Verankerung im Boden.

Besonders wichtige Pflanzen in der Lebensgemeinschaft des Sees sind außerdem die im Oberflächenwasser schwebenden mikroskopisch kleinen **Algen**. Sie leben in der Freiwasserzone, dem **Pelagial**. Zusammen mit den Pflanzen der Uferzone erzeugen sie über Fotosynthese Nährstoffe. Diese dienen vielen Tieren als Nahrung.

Abgestorbene Pflanzen und tote Tiere sinken auf den Grund. Dort werden sie von Pilzen und Bakterien zersetzt. Bei diesem Abbau entstehen Kohlenstoffdioxid, Wasser und Nährsalze, die von den Pflanzen wieder aufgenommen werden. Lebende Planktonorganismen verhindern ein Absinken im Wasser durch verschiedene Einrichtungen. So besitzen viele Kleinstlebewesen Schwebeeinrichtungen wie zum Beispiel eingelagerte Öltröpfchen oder verzweigte Fortsätze, die wie ein Fallschirm das Absinken verlangsamen. Auch die verzweigten Antennen der Wasserflöhe erfüllen eine ähnliche Aufgabe. Sie werden ruckartig bewegt, sodass die Tiere wie Flöhe durch das Wasser hüpfen.

> Der Lebensraum See ist in verschiedene Pflanzenzonen gegliedert. Zu ihnen zählen: Erlen-, Röhricht-, Schwimmblattpflanzen-, Tauchblattpflanzen- und Tiefenalgenzone. Die in diesen Bereichen lebenden Arten sind dem Lebensraum in besonderer Weise angepasst.

1 Ordne den fünf Pflanzenzonen eines Sees die Pinnzettel Seite 79 zu. Begründe deine Entscheidung.

2 Auf die Seerose lässt sich das Erschließungsfeld „Angepasstheit" anwenden. Erläutere.

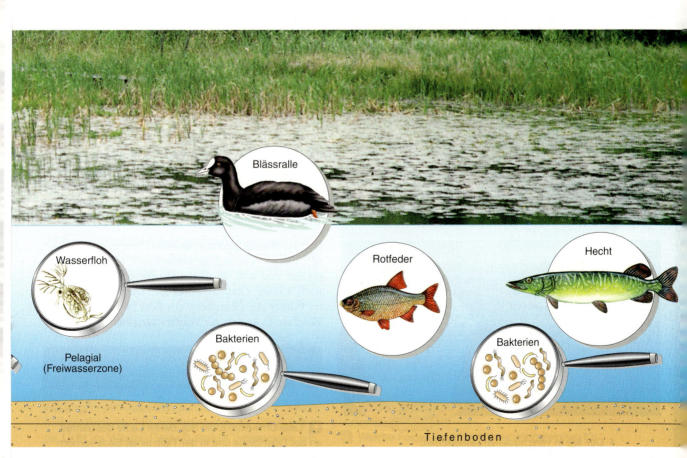

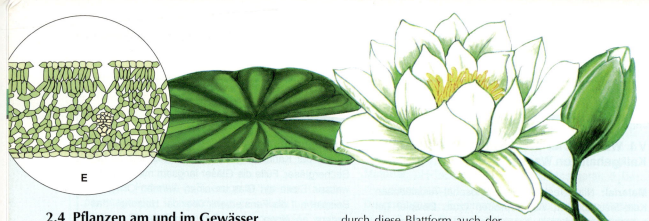

2.4 Pflanzen am und im Gewässer

An den Ufern von Gewässern und im Wasser selbst wachsen Pflanzen, die nur an diesen feuchten Standorten vorkommen. Wie sind diese an den Lebensraum angepasst?

Wasserpflanzen findet man zum Beispiel in stehenden oder fließenden Gewässern. Fast jeder kennt die *Weiße Seerose* mit ihren großen Blüten. Sie wurzelt in etwa 1,50 m Tiefe und ist mit einem dicken, kriechenden Wurzelstock fest im Boden verankert. Ihre Blätter schwimmen auf der Wasseroberfläche. Solche *Schwimmblätter* besitzen besonders große Blattspreiten. Luftgefüllte Hohlräume durchziehen das gesamte Blatt. So kann es gut schwimmen. Die Spaltöffnungen für den Gasaustausch liegen nur auf der Blattoberseite. Auch der Seerosenstängel zeigt einen besonderen Bau. Im Querschnitt erkennt man neben den Leitungsbahnen große Luftkanäle.

Es gibt jedoch auch Wasserpflanzen, deren Blätter unter Wasser wachsen. Die Unterwasserblätter des *Laichkrautes* und des *Hornblattes* weisen schmale, fein zerteilte Blattspreiten auf. Durch diese Zergliederung wird die Oberfläche vergrößert. Dadurch können die Pflanzen genügend Kohlenstoffdioxid für die Fotosynthese aus dem Wasser aufnehmen. In fließenden Gewässern wie Bächen und Flüssen verringert sich durch diese Blattform auch der Strömungswiderstand. *Tauchblätter* haben in der Regel keine Spaltöffnungen. Der Gasaustausch findet über dünnwandige Epidermiszellen statt. Diese tragen auch Chloroplasten.

Die Ufer von Gewässern sind nass bis feucht. Wasser steht den Pflanzen ausreichend zur Verfügung. Hier findet man viele **Feuchtpflanzen.** Sie haben meist ausgedehnte Wurzelnetze oder Wurzelstöcke. Diese verankern die Pflanzen im feuchten Boden. Da ihre Blätter immer von feuchter Luft umgeben sind, ist die Transpiration erschwert. Zu den Feuchtpflanzen gehören zum Beispiel *Pfeilkraut* und *Pestwurz*. Sie haben große, meist ungeteilte Blätter. Die Zellen der Epidermis sind dünnwandig. Eine Cuticula fehlt. Die Zellen des Palisaden- und Schwammgewebes liegen locker aneinander. Die Spaltöffnungen können leicht vorgewölbt in der Epidermis liegen. Dadurch wird die Transpiration erleichtert. Meist finden sich hier auch lebende Haare, die die Oberfläche zusätzlich vergrößern.

> Wasserpflanzen und Feuchtpflanzen sind durch die Form und den Bau ihrer Blätter an ihren Standort angepasst.

1 Stelle Anpassungen einer Feuchtpflanze zusammen.

2 Wild wachsende Seerosen stehen unter Naturschutz. Besorge dir deshalb ein Seerosenblatt aus dem Gartenteich.
Stelle ein Frischpräparat der oberen und unteren Epidermis her. Mikroskopiere, zeichne und vergleiche.

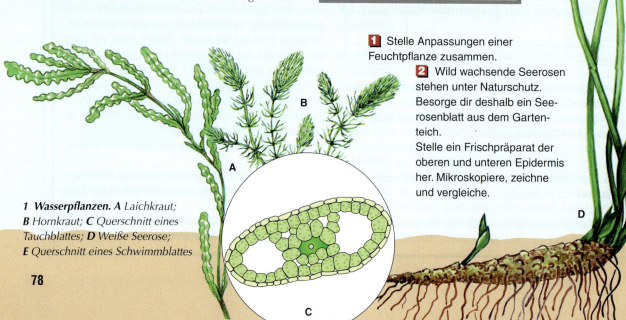

1 Wasserpflanzen. A *Laichkraut;* **B** *Hornkraut;* **C** *Querschnitt eines Tauchblattes;* **D** *Weiße Seerose;* **E** *Querschnitt eines Schwimmblattes*

PFLANZEN DES SEES

Pinnwand

Name: *Wasserhahnenfuß*
Blütezeit: Mai bis September
Vorkommen: stehende und langsam fließende Gewässer
Lebensweise: bevorzugt nährsalzreiche und schwach saure Gewässer
Besonderheit: mit drei- bis fünflappigen Schwimmblättern (A) und zerschlitzten Unterwasserblättern (B)

Name: *Breitblättriger Rohrkolben*
Blütezeit: Juni bis August
Vorkommen: Uferröhricht stehender und langsam fließender Gewässer
Lebensweise: Schlammwurzler in nährsalzreichen Gewässern
Besonderheit: mit Durchlüftungsgewebe; Blätter 10 bis 20 mm breit; die Blätter des ähnlichen Schmalblättrigen Rohrkolbens sind 5 bis 10 mm breit

Name: *Schilfrohr*
Blütezeit: Juli bis September
Vorkommen: im Röhricht stehender und langsam fließender Gewässer
Lebensweise: nährsalzreiche Standorte; verdrängt oft die übrige Vegetation
Besonderheit: nützlich als Dacheindeckung (Reetdach) und in Schilfkläranlagen; unterscheidet sich vom ähnlichen Rohrglanzgras durch den behaarten Blattgrund (A)

Name: *Faulbaum*
Blütezeit: Mai bis Juni
Vorkommen: Bruchwälder, lichte Laub- und Mischwälder auf feuchten bis nassen, nährsalzarmen Böden
Lebensweise: winterkahler Strauch; vegetative Vermehrung durch Wurzelsprosse
Besonderheit: Borke mit fauligem Geruch (Name!); giftig in allen Teilen; Verwendung als Abführmittel

Name: *Schwarzerle*
Blütezeit: Februar bis April
Vorkommen: Bruch- und Auenwälder, Bachbegleiter
Lebensweise: Laubbaum auf nährsalzreichen, zeitweise überschwemmten Böden
Besonderheit: Schwarzfärbung bei Borke und abgefallenen Blättern (Name!); Kätzchen (♀ und ♂) schon im Vorjahr angelegt

Froschlöffel

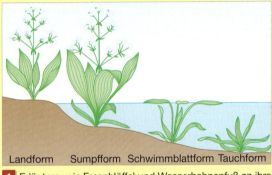

Landform   Sumpfform   Schwimmblattform   Tauchform

1 Erläutere, wie Froschlöffel und Wasserhahnenfuß an ihre Umweltbedingungen angepasst sind.

Zusammenhänge im Ökosystem

1 Plankton. A vergrößert im mikroskopischen Bild; **B** Probennahme

2.5 Phytoplankton

Entnimmt man einem See mit einem Planktonnetz eine Wasserprobe und betrachtet diese unter dem Mikroskop, findet man eine große Vielfalt an kleinen Lebewesen. Sie können im Wasser mehr oder weniger frei schweben und werden unter dem Begriff **Plankton** zusammengefasst. Algen und Cyanobakterien bilden den pflanzlichen Anteil des Planktons, das Phytoplankton. Viele von ihnen gehören zur Gruppe der Grünalgen. Ein Vertreter dieser Gruppe ist *Chlamydomonas*. Sie ist von einer Zellwand umgeben und trägt zwei lange Geißeln. Im Inneren besitzt sie einen becherförmigen Chloroplast sowie einen Augenfleck. Außerdem findet man einen Zellkern, der von einer Kernhülle umgeben ist. Da die Alge nur aus einer einzigen Zelle besteht, gehört sie zu den **Einzellern**. Bei *Pandorina* sind acht oder 16 solcher Zellen von einer Gallerthülle umgeben. Sie sind begeißelt und haben eine Zellwand, eine Zellmembran, einen Zellkern sowie Chloroplasten. Einen Verband aus solchen gleichartigen Zellen bezeichnet man als **Zellkolonie**.

Die etwa einen Millimeter große Kugelalge *Volvox* bildet aus mehreren tausend Zellen eine Hohlkugel, die in ihrem Inneren mit einer Gallertmasse gefüllt ist. Die Einzelzellen sind durch Fortsätze des Zellplasmas miteinander verbunden. Dadurch ist ein Stoffaustausch zwischen den Zellen der Kugelalge möglich. Bei Volvox lassen sich zwei verschiedene Zelltypen nachweisen. Die *Körperzellen* sind begeißelt und besitzen Chloroplasten. Einige Zellen sind chloroplastenfrei. Es handelt sich dabei um die männlichen und weiblichen *Fortpflanzungszellen*.

Die unterschiedlich differenzierten Zellen zeigen damit eine Arbeitsteilung. Diese Arbeitsteilung und die Verbindung der Zellen über Plasmabrücken sind wesentliche Merkmale von **Vielzellern**. Die Einzelzellen verlieren ihre Lebensfähigkeit.

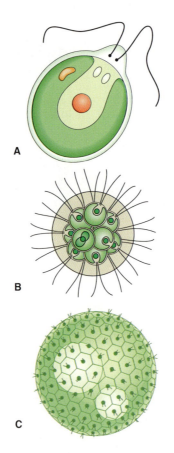

2 Phytoplankton. A *Chlamydomonas*; **B** *Pandorina*; **C** *Volvox*

> Algen und Cyanobakterien bilden das Phytoplankton. Eine besonders arten- und formenreiche Algengruppe sind die Grünalgen mit Einzellern, Kolonien und Vielzellern.

1 Beschreibe die Unterschiede zwischen Einzellern, Zellkolonien und Vielzellern.

Zusammenhänge im Ökosystem

Planktonuntersuchung

Übung

V 1 Bau eines Planktonnetzes

Material: engmaschiges Kunststoffnetz, zum Beispiel Kunststoff-Kaffeedauerfilter (Maschengröße maximal 63 Mikrometer), Filmdöschen, Heißklebepistole, Heißkleber

Durchführung: Schneide zunächst von der Netzspitze des Kunststoff-Kaffeedauerfilters so viel ab, dass das Filmdöschen in den Ausschnitt hineinpasst. Fixiere nun das Döschen mit Heißkleber am Netz.

V 2 Probeentnahme in einem See

Material: Planktonnetz, Pinsel, Löffel, mehrere Aufbewahrungsgefäße (zum Beispiel Filmdöschen oder Kunststoff-Sammeldosen), Fixierungsflüssigkeit (Iod-Kaliumiodidlösung), Folienstift

Durchführung: Stelle zunächst Gefäße bereit, in die das gesammelte Material gegeben wird. Nutze zur Aufbewahrung nur Wasser des Gewässers, aus dem die Proben stammen.
1) frische Probe: Ziehe das Planktonnetz kurz unter der Wasseroberfläche mehrmals so durch das Gewässer, als würdest du die Zahl Acht schreiben. Wiederhole die Probeentnahme noch an mindestens zwei weiteren Stellen des Sees.
2) fixierte Probe: Gewinne die Proben wie angegeben. Gib die Proben anschließend mit wenig Wasser in kleine Schraubflaschen und tropfe je fünf Tropen Iod-Kaliumiodidlösung zu.

Aufgaben: a) Mikroskopiere die Proben. Markiere vorher auf dem Objektträger eine Fläche von 1 cm². Zähle alle Organismen in der markierten Fläche. Fertige ein Protokoll an.
b) Erläutere die Unterschiede zwischen der frischen und der fixierten Probe.

V 3 Wir mikroskopieren Plankton

Material: Schülermikroskop, Pipette, Objektträger, Deckgläschen, Watte, frische Wasserproben mit Plankton aus Versuch 2.

Durchführung: Entnimm mithilfe einer Pipette den einzelnen Proben je einen Tropfen. Beachte, dass du vorher die Proben leicht schwenkst, damit das Plankton gleichmäßig verteilt ist. Gib den Tropfen auf je einen Objektträger. Zerzupfe nun wenige Wattefasern und gib sie in den Tropfen. Setz anschließend das Deckgläschen möglichst so auf, dass keine Luftblasen in der Probe sind.

Aufgaben: a) Betrachte die einzelnen Proben unter dem Mikroskop. Nutze zunächst eine kleine Vergrößerung. Stelle anschließend eine stärkere Vergrößerung ein und zeichne einzelne Planktonorganismen.
b) Suche in der Probe gezielt nach Chlamydomonas, Pandorina und Volvox. Versuche mithilfe der Abbildung weitere Arten zu bestimmen.
c) Vergleiche die einzelnen Proben miteinander und stelle fest, welche Organismen besonders häufig sind.

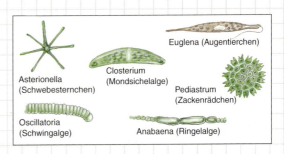

V 4 Wir untersuchen, warum Plankton schwebefähig ist

Material: Knetmasse, große Standzylinder, Wasser, Waage, Stoppuhr

Durchführung: Wiege zwei gleich große Portionen Knetmasse ab. Rolle nun die eine Portion zu einer Kugel und presse die andere Portion zu einer flachen Scheibe. Bringe die Kugel vorsichtig auf die Wasseroberfläche und miss die Zeit, bis sie auf dem Boden des Standzylinders auftrifft. Wiederhole den Versuch mit der Scheibe.

Aufgabe: Übertrage den Modellversuch auf die Körperform des Phytoplanktons und erläutere.

Zusammenhänge im Ökosystem

Übung — Wasserpflanzen untersuchen

V1 Untersuchung eines Schilfblattes

Material: 2 Pappstreifen (10 × 3 cm); Alleskleber; Nagel; Bindfaden; verschiedene Gewichtstücke; Schilfblatt (Vorsicht, scharfe Ränder!); Schreibmaterial

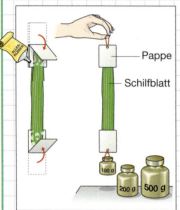

Durchführung: Falte beide Pappstreifen in der Mitte und bestreiche beide Innenseiten mit Alleskleber. Lege je ein Ende des Schilfblattes dazwischen und drücke es zusammen. Bohre mit dem Nagel in jeden Pappstreifen ein Loch und ziehe jeweils einen Bindfaden hindurch. Hänge nacheinander die Gewichte daran und hebe sie hoch.
Aufgaben: a) Stelle fest, welcher Belastung das Blatt standhält, ohne zu zerreißen.
b) An welche Umweltbedingung am See ist das Schilfblatt mit seiner Reißfestigkeit angepasst?

V2 Leitung von Luft durch ein Seerosenblatt

Material: Große Schale; Wasser; sauberes Tuch; Nadel; Seerosenblatt; Zeichenmaterial

Durchführung: Besorge aus einem Gartenteich ein Seerosenblatt mit einem langen Stiel. Reinige das Endstück und puste kräftig Luft in den Stängel. Drücke dabei mit einer Hand das Blatt unter Wasser.
Steche Löcher in die Blattadern um den Weg der Luft zu verfolgen und wiederhole den Versuch.
Aufgaben: a) Beschreibe, was du bei beiden Versuchen beobachtest.
b) Zeichne ein Blatt mit Stiel und trage mit roter Farbe den Weg der Luft ein.
c) Erkläre, welche Bedeutung die Durchlüftung für die Pflanze hat.

V3 Untersuchung eines Seerosenstängels

Material: Stiel einer Seerose; Rasierklinge mit Korkhalterung; Pinzette; Glas mit Wasser; Objektträger; Deckglas; Pipette; Lupe oder Mikroskop; Zeichenmaterial
Durchführung: Schneide eine möglichst dünne Scheibe vom Stiel ab. Betrachte sie durch die Lupe oder mikroskopiere sie bei schwacher Vergrößerung. Betrachte die Schnittfläche.
Aufgabe: Zeichne den Querschnitt des Seerosenstängels und beschrifte ihn mithilfe der Abbildung.

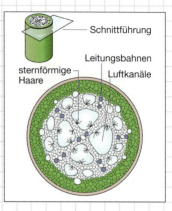

A4 Vermehrung des Schilfrohrs

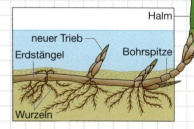

Schilf vermehrt sich ungeschlechtlich. Dabei breiten sich die Erdstängel waagerecht nach allen Richtungen im Erdreich aus. Die Ausläufer dringen mit ihren Bohrspitzen auch durch festen Boden. Der Erdstängel ist durch Knoten untergliedert, an denen Triebe austreten. Sie wachsen empor und bilden neue Halme. Die Wurzelbüschel verankern die Pflanzen im Untergrund.
Aufgabe: Erkläre, warum Schilfrohr in kurzer Zeit große Bestände bilden kann.

Zusammenhänge im Ökosystem

V 5 Einzellige Jochalgen

Material: Mikroskop und Zubehör; Wasserproben stehender oder fließender, nährsalzreicher Gewässer
Durchführung: Stelle mehrere Frischpräparate von Wasserproben verschiedener nährsalzreicher Gewässer her. Mikroskopiere.
Aufgaben: a) Suche die abgebildeten Gattungen einzelliger Jochalgen.
b) Beschreibe ihren Aufbau.

V 6 Schraubenalge

Material: Mikroskop und Zubehör; Schraubenalgenwatte (aus Tümpel, Graben, Teich oder See; Sommer)
Durchführung: Zupfe mit einer Pinzette einige Fäden aus der Algenwatte und stelle ein Frischpräparat her. Mikroskopiere.
Aufgabe: Fertige eine Zeichnung einer Fadenzelle der Schraubenalge an. Beschrifte.

V 7 Astalge

Material: Mikroskop und Zubehör; Algenmatte der Astalge (aus Bach oder Fluss im Sommer)
Durchführung: Zupfe mit einer Pinzette einige Algenfäden aus der Watte und stelle ein Frischpräparat her. Mikroskopiere.
Aufgaben: a) Fertige eine Zeichnung einer Alge bei kleiner Vergrößerung an. Beschrifte.
b) Worin unterscheiden sich die Zellen der Astalge von denen der Schraubenalge?
c) Beschreibe die Entwicklung der Astalge mithilfe der folgenden Abbildung.
d) Welche Zellbestandteile kommen bei allen Algen vor? Erläutere.

V 8 Kieselalgen

Material: Mikroskop und Zubehör; schleimiger Belag von Pflanzen oder Steinen eines Gewässers
Durchführung: Schabe mit einer Pinzette einen Teil des Überzugs von Pflanzen oder Steinen eines Gewässers ab und stelle ein Frischpräparat her. Mikroskopiere.
Aufgaben: a) Zeichne eine Kieselalge. Orientiere dich bei der Beschriftung an folgender Zeichnung:

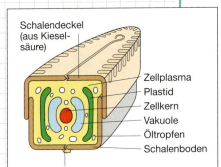

b) Die Vermehrung der Kieselalgen erfolgt durch Zweiteilung. Jede Tochterzelle erhält dabei eine Schalenhälfte und ergänzt dazu jeweils einen Boden neu. Fertige eine Schemazeichnung für drei Teilungen an (verwende dazu das unten stehende Schema einer Zelle). Welche Besonderheit weist diese Vermehrung auf?

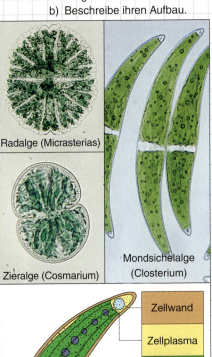

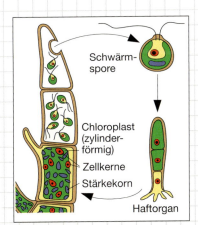

Zusammenhänge im Ökosystem

2.6 Wasservögel sind den Zonen des Sees angepasst

An vielen Seen kann man **Stockenten** beobachten. Von Zeit zu Zeit tauchen sie Kopf und Vorderkörper ins Wasser, sodass der Schwanz fast senkrecht in die Höhe ragt. Dabei rudern sie mit den Füßen. Mit offenem Schnabel pflügen sie dann durch den Schlamm am Grund. Wenn sie den Schnabel schließen, wird der „Schmutz" mit dem Wasser hinausgedrückt. Die Nahrung bleibt zwischen den Hornleisten wie in einem Sieb hängen und wird verschluckt. Auf diese Weise suchen Stockenten z. B. nach Insektenlarven, Würmern, Schnecken und Teilen von Wasserpflanzen.

Eine andere Entenart, die **Reiherente,** kann dagegen ganz untertauchen. Sie sucht ihre Nahrung in größeren Tiefen und bleibt bis zu 40 Sekunden lang unter Wasser. Dabei erbeutet sie kleine Muscheln, Schnecken und Würmer.

Haubentaucher sind nicht nur geschickte Schwimmer, sondern auch ausgezeichnete Taucher. Sie gleiten bis zu 7 m Tiefe hinab. Die Flügel werden eng angelegt und beide Beine mit den Schwimmfüßen gleichzeitig bewegt. Ihre Beute sind kleine Fische, die sie mit dem spitzen Schnabel packen und ganz hinunterschlucken.

Die **Fluss-Seeschwalbe** jagt aus der Luft. Wenn sie einen Fisch erspäht, legt sie die Flügel eng an und schießt ins Wasser. Die Beute wird mit dem Schnabel festgehalten und im Flug verzehrt.

> **Erschließungsfeld**
> **Struktur und Funktion**
>
> Das Erschließungsfeld beschreibt den Zusammenhang zwischen dem Bau und den Leistungen eines Lebewesens. Dabei gilt, dass Organe eines Lebewesens bestimmte Aufgaben nur erfüllen können, wenn sie einen bestimmten Aufbau haben.

1 Nahrungssuche in verschiedenen Zonen des Sees. ① Stockente, ② Reiherente, ③ Fluss-Seeschwalbe, ④ Haubentaucher

Vergleicht man den Nahrungserwerb der verschiedenen Wasservögel, dann wird man feststellen, dass sich die einzelnen Arten auf bestimmte Zonen im See spezialisiert haben. Man bezeichnet diese Spezialisierung in den Umweltansprüchen als Besetzen einer **ökologischen Nische.** Dadurch ist es möglich, dass viele Arten auf engstem Raum nebeneinander leben können. Die **Konkurrenz** zwischen den Arten ist so minimal.

Wie die Nahrungsreviere sind auch die Nester der Vögel in den Pflanzenzonen unterschiedlich verteilt. Stockenten brüten an Land, Reiherenten auf kleinen Inseln und Haubentaucher bauen ein schwimmendes Nest am Rand des Röhrichts. Die Fluss-Seeschwalbe nistet an Ufern ohne Pflanzenbewuchs. So werden Raum- und Fortpflanzungskonkurrenz minimiert.

1 Beschreibe, wie die einzelnen Vogelarten nach Nahrung suchen.
2 Wie ist es möglich, dass viele Vogelarten auf engem Raum zusammenleben können?
3 Wende das Erschließungsfeld „Struktur und Funktion" auf den Haubentaucher an.

> Verschiedene Arten von Wasservögeln suchen in unterschiedlichen Bereichen Nahrung und Nistgelegenheiten, ohne sich Konkurrenz zu machen.

WASSERVÖGEL — Pinnwand

Ein ungebetener Gast

Ein **Teichrohrsänger** füttert einen jungen Kuckuck. In einem unbewachten Moment hat die Mutter des Kuckucks ihr farbgleiches Ei gegen ein Ei des Teichrohrsängers ausgetauscht. Nun wird der Jungkuckuck als „Adoptivkind" von den Teichrohrsängern aufgezogen, nachdem er die anderen Jungen aus dem Nest geworfen hat.

Brutzeiten von Wasservögeln

	März	April	Mai	Juni	Juli
Stockente		■	■	■	
Lachmöwe			■	■	
Teichhuhn		■	■	■	
Rohrsänger			■	■	■
Blesshuhn		■	■	■	
Rohrdommel			■	■	■
Haubentaucher			■	■	■

„Huckepack" bei Haubentauchern

Kleine Haubentaucher reisen auf dem Rücken ihrer Eltern übers Wasser. Haubentaucher brüten auf Seen mit langen, dichten Röhrichtgürteln. Die bevorzugten Gewässer haben eine Mindestgröße von etwa 10 ha und eine Wassertiefe von etwa 6 m.

1 Welche Aufgaben erfüllt das Schilf beim Nisten der Wasservögel?

2 In welcher Zeit sollten die Uferzonen von Menschen gemieden werden? Begründe.

3 Nenne Ansprüche der Haubentaucher an ihr Brutrevier.

Brutstätten von Wasservögeln

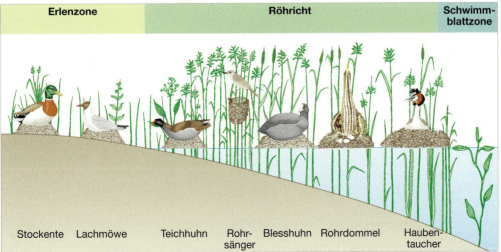

Erlenzone — Röhricht — Schwimmblattzone

Stockente — Lachmöwe — Teichhuhn — Rohrsänger — Blesshuhn — Rohrdommel — Haubentaucher

Zusammenhänge im Ökosystem

2.7 Zooplankton und Wasserinsekten

In einer Wasserprobe findet man neben dem Phytoplankton auch tierische Organismen. Sie bilden das Zooplankton. Zu ihm gehören Wimperntierchen, Rädertierchen sowie die Kleinkrebse Wasserfloh und Hüpferling. Viele von ihnen können sich im Gegensatz zu den meisten Algenarten selbst bewegen. Dazu tragen sie zum Beispiel Wimpern oder lange Geißeln. Bei anderen Tieren des Zooplanktons findet man dagegen keinerlei Einrichtungen, die ein aktives Schwimmen im Wasser ermöglichen. Damit sie trotzdem im Wasser schweben können, haben sie verschiedene Strategien entwickelt. Oft haben sie eine Dichte, die geringfügig größer als die des Wassers ist. Deshalb sinken sie nur sehr langsam zu Boden. Eine flache Körperform und lange Fortsätze können ebenfalls ein schnelles Sinken verhindern. Selbst geringste Wasserströmungen bewirken so einen Auftrieb. Auch durch das Einlagern von Luft kann der Auftrieb erhöht werden. Rädertierchen lagern neben Luft noch feinste Öltröpfchen ein. Auch dadurch wird die Dichte verringert.

In einem See findet man jedoch nicht nur Plankton, sondern auch größere wirbellose Tiere und Wirbeltiere. Während Fische, Muscheln und Krebse durch Kiemen atmen, haben Insekten andere Strategien entwickelt, um Sauerstoff aufzunehmen. Libellenlarven atmen zum Beispiel durch Tracheenkiemen. Auf blattartigen Anhängseln befinden sich zahlreiche Tracheen. Durch ihre dünnen Wände findet der Gasaustausch statt. Andere Insekten wie Stabwanzen und Wasserskorpione besitzen lange Atemrohre, mit denen sie Luft aufnehmen.

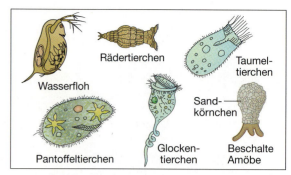

2 Vertreter des Zooplanktons

Auch Gelbrandkäfer und Rückenschwimmer nehmen Luft direkt an der Wasseroberfläche auf. Sie speichern diese jedoch unter den Flügeldecken. Die Wasserspinne legt sich dagegen ein Luftpolster unter Wasser an. Sie baut ein Netz zwischen Wasserpflanzen. An ihrem Hinterleib transportiert sie Luft in das Netz, die dort gespeichert wird. Somit kann sie lange Zeit unter Wasser bleiben und jagen. Beim Beutefang trägt sie immer einen kleinen Luftvorrat an ihrem Hinterleib.

> Zum Zooplankton gehören zum Beispiel Wimperntierchen, Rädertierchen, Hüpferling und Wasserfloh. Die Tiere können sich entweder aktiv im Wasser fortbewegen oder haben Schwebeeinrichtungen. Wasserinsekten sind an das Atmen unter Wasser angepasst.

1 Erläutere je zwei Angepasstheiten bei Zooplankton und Wasserinsekten. Nutze das entsprechende Erschließungsfeld.

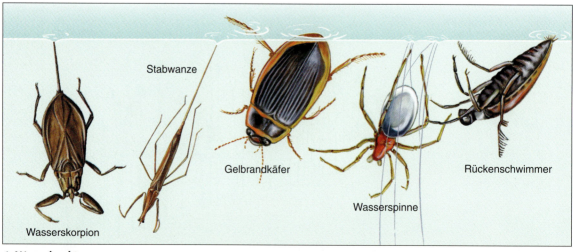

1 Wasserinsekten

Zusammenhänge im Ökosystem

Wasserinsekten

Übung

V1 Fang von Wasserinsekten

Material: Kescher oder Mehlsieb; Gläser mit Löchern im Schraubverschluss; Pinsel; Lupe bzw. Binokular; Bestimmungsbuch

Durchführung: Fange am Ufer eines Sees Wasserinsekten. Ziehe dazu den Kescher mehrmals in verschiedenen Tiefen durch das Wasser. Streife die Tiere mit dem Pinsel vorsichtig einzeln in je ein mit Wasser gefülltes Glas. Schraube sofort den Deckel auf. Beobachte. Setze die Tiere nach der Untersuchung wieder zurück in das Gewässer.

Aufgabe: Beobachte und bestimme die Wasserinsekten.

V2 Fortbewegung und Atmung bei Wasserinsekten

Material: Gläser und Wasserinsekten aus V1; Unterwasserpflanze; Stoppuhr; Lupe

Durchführung: Setze die Pflanze in eines der Gläser mit einem Wasserinsekt.

Aufgaben: a) Beschreibe, wie sich das Wasserinsekt fortbewegt.
b) Stoppe mit der Uhr die Tauchzeit und erkläre, warum das Tier so lange unter Wasser bleiben kann.

V3 Beobachtung von Stechmückenlarven

Material: Einmachglas; Mehlsieb; Stein; Holzklotz; Stechmückenlarven und Puppen; vermodernde Pflanzenteile

Durchführung: Fülle das Glas mit Wasser aus der Regentonne. Fange mit dem Sieb Stechmückenlarven und Puppen in Tümpeln, Regentonnen oder Seen. Entnimm auch vermodernde Pflanzenteile.

Setze alles in das Glas und decke das Sieb darüber. Mit den Klötzen und dem Stein gibst du dem Sieb einen festen Halt. Stelle den Versuchsaufbau auf einen von der Sonne erwärmten Platz.

Aufgaben: a) Beschreibe das Auf- und Abtauchen der Mückenlarven.
b) Wie reagieren sie auf Erschütterung und plötzliche Beschattung? Erkläre dieses Verhalten.
c) Beschreibe die Unterschiede von Larve und Puppe bei Stechmücken.

V4 Fütterung einer Libellenlarve

Material: Libellenlarve; Küchensieb; ein kleines Stückchen Fleisch; dünner Faden

Durchführung: Fange mithilfe des Küchensiebs eine Libellenlarve. Halte ein kleines Stückchen Fleisch, das an einem Faden festgebunden ist, vor den Kopf der Larve.

Aufgaben: a) Beschreibe das Verhalten der Libellenlarve.
b) Informiere dich über den besonderen Fangapparat von Libellenlarven.

Zusammenhänge im Ökosystem

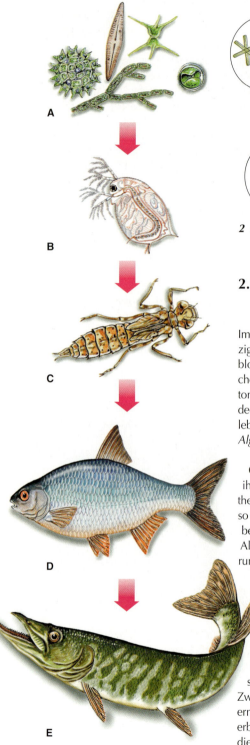

2 Ausschnitt aus dem Nahrungsnetz eines Sees

1 Nahrungskette im See.
A Algen; **B** Wasserfloh;
C Libellenlarve; **D** Rotauge;
E Hecht

2.8 Nahrungsbeziehungen im See

Im Wasser eines Sees schweben winzige Lebewesen, die man mit dem bloßen Auge nicht sieht. Untersuchen wir einen Tropfen dieses Planktons mit dem Mikroskop, so entdecken wir jedoch zahlreiche Kleinlebewesen. Viele davon sind winzige *Algen,* die aus einer Zelle oder aus Zellkolonien bestehen. Da sie Chlorophyll enthalten, können sie ihre Nahrung mithilfe der Fotosynthese selbst erzeugen. Algen sind also wie alle Pflanzen von anderen Lebewesen völlig unabhängig.

Algen gehören zu den Hauptnahrungsquellen vieler Wassertiere. Von ihnen lebt z. B. der *Wasserfloh,* der in Sprüngen wie ein Floh durchs Wasser hüpft. Mit seinen blattartigen Füßchen am Bauch wirbelt dieser Kleinkrebs das Wasser auf und strudelt dabei Algen als Nahrung in seinen Mund.

Zwischen den Wasserpflanzen lauern *Libellenlarven,* die Wasserflöhe erbeuten und verzehren. Obwohl die Larven durch ihre Tarnfärbung kaum auffallen, werden sie von Fischen wie z. B. dem *Rotauge* entdeckt und gefressen. Aber auch dieser Fisch ist vor Feinden nicht sicher.

Er wird von einem Raubfisch wie dem *Hecht* gefangen. Algen, Wasserfloh, Libellenlarve, Rotauge und Hecht stehen in einer Nahrungsbeziehung zueinander. Da diese Lebewesen ähnlich wie die Glieder einer Kette zusammenhängen, spricht man von einer **Nahrungskette.** An ihrem Anfang stehen stets Pflanzen. Dann folgen Pflanzenfresser, die wiederum von Fleischfressern verzehrt werden.

In einem See oder Teich gibt es viele verschiedene Nahrungsketten. Ein Fisch wie das Rotauge lebt nicht nur von Libellenlarven, sondern frisst auch noch Wasserflöhe, Mückenlarven und andere Kleinlebewesen. Andererseits ist das Rotauge nicht nur ein Beutetier des Hechtes, sondern es wird auch vom Haubentaucher gefressen. Meistens hat ein Tier also mehrere Beutetiere, von denen es sich ernährt, und zugleich mehrere Feinde, die es verfolgen. Diese vielseitigen Wechselbeziehungen werden als **Nahrungsnetz** bezeichnet, weil die verschiedenen Nahrungsketten verknüpft sind wie die Fäden eines Netzes.

Solange sich die Lebensbedingungen in einem See nicht wesentlich ändern, erhält sich dieses Öko-

Zusammenhänge im Ökosystem

system weitgehend selbst. Die Grundlage bilden die Pflanzen. Algen stehen z. B. am Anfang einer Nahrungskette. Sie bauen mithilfe der Sonnenenergie aus Kohlenstoffdioxid, Wasser und Mineralstoffen die Pflanzenmasse auf. Sie stellen also aus leblosen oder anorganischen Stoffen organisches Pflanzenmaterial her. Die Pflanzen werden daher als *Erzeuger* oder **Produzenten** bezeichnet.

Tiere können sich ihre Nährstoffe nicht selbst herstellen. Sie sind auf andere Lebewesen angewiesen, von denen sie sich ernähren. Sie werden daher *Verbraucher* oder **Konsumenten** genannt. Die Pflanzenfresser unter ihnen benötigen für ihren Bedarf an Energie und Baustoffen pflanzliche Nährstoffe, die sie in körpereigene, tierische Stoffe umwandeln. Man bezeichnet sie als *Konsumenten erster Ordnung*. Von den Pflanzenfressern ernähren sich Fleischfresser wie z. B. die Libellenlarven. Sie werden *Konsumenten zweiter Ordnung* genannt. Entsprechend ist die Plötze ein *Konsument dritter Ordnung*. Tiere wie den Hecht, die am Ende der Nahrungskette stehen, nennt man *Endkonsumenten*.

Die einzelnen Nahrungsebenen lassen sich auch als **Nahrungspyramide** darstellen. Mit der Stoffweitergabe ist die Weitergabe von Energie verbunden. Setzen wir einmal die in Pflanzen gebundene Energie mit 100 % an. Dann gelangen davon nur 10 % zu den Konsumenten 1. Ordnung. Den Rest verbrauchen die Pflanzen für Atmung, Wachstum und die übrigen Lebensvorgänge. Die nächste Nahrungsebene erhält nur 1 %. Für die Endkonsumenten bleibt dann nur ein Rest von 0,1 % übrig. Man bezeichnet diesen Vorgang als **Energiefluss**.

Doch nicht alle Lebewesen werden verzehrt. Unzählige Organismen sterben und sinken auf den Grund. Dort werden sie entweder von Abfallfressern aufgenommen oder direkt von Bakterien und Pilzen zersetzt. Diese *Zersetzer* oder **Destruenten** bauen die tierischen und pflanzlichen Reste ab und zerlegen sie in Wasser, Kohlenstoffdioxid und Mineralstoffe. Diese Stoffe werden im **Stoffkreislauf** von den Produzenten wieder aufgenommen.

Auch bei den lebenswichtigen Gasen wie Sauerstoff und Kohlenstoffdioxid verhält es sich ähnlich. Algen und Tauchblattpflanzen geben bei der Fotosynthese Sauerstoff ans Wasser ab. Alle tierischen Lebewesen brauchen dieses Gas zur Atmung. Kohlenstoffdioxid wird von Tieren und Bakterien ausgeschieden. Es wird von Pflanzen aufgenommen und bei der Fotosynthese zur Herstellung von Traubenzucker genutzt. So schließt sich der Kreislauf der Stoffe.

> Pflanzen stehen als Produzenten am Anfang einer Nahrungskette. Als weitere Glieder folgen Konsumenten. Zwischen Produzenten, Konsument und Destruenten besteht ein Stoffkreislauf.

1 Erläutere drei Nahrungsketten im See mithilfe der Abbildungen 1 und 2.
2 Entwickle mithilfe der Abbildung 3 und des Textes eine Pyramide für den See, in die du den Energiefluss einträgst.
3 Beschreibe die Abbildung 4.

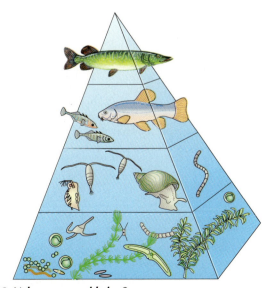

3 Nahrungspyramide im See

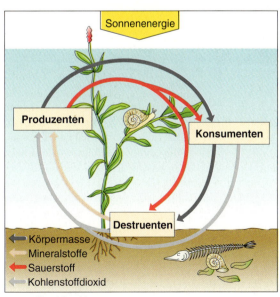

4 Stoffkreislauf im See

Zusammenhänge im Ökosystem

1 Ein See beginnt zu verlanden

2.9 Ein See altert

Ein See verändert sich im Laufe der Jahre ohne Einfluss des Menschen. Solch ein Prozess verläuft meist so langsam, dass sich die Veränderungen zunächst kaum wahrnehmen lassen.

Der Alterungsprozess eines Sees beginnt mit einem starken Pflanzenwachstum, das durch eingetragene Mineralsalze gefördert wird. Je mehr Mineralsalze durch Zuflüsse in den See gelangen, desto stärker ist das Pflanzenwachstum. Außerdem fallen Pflanzenteile von Bäumen und Sträuchern aus dem Uferbereich in das Seewasser. Zusammen mit totem Plankton und Wassertieren sinken sie auf den Boden des Gewässers. Sie werden jedoch nur teilweise durch Mikroorganismen zersetzt. Der Rest bleibt als **Schlamm** liegen. Diese Schlammschicht wird im Laufe der Jahre immer dicker. Dadurch erhöht sich der Grund des Sees. Das Gewässer wird flacher. Die Uferzone rückt zunehmend in die Mitte des Sees. Die Wassermenge im See nimmt beständig ab. Dabei siedeln sich immer mehr Pflanzen der Uferzonen in Richtung Gewässermitte an.

Schilfrohr ist ein Beispiel für eine schwer zersetzbare Pflanze, die dafür verantwortlich sein kann, dass ein See zuwächst. Zuerst bildet es am flachen Uferrand große Bestände. Abgestorbene Schilfrohrteile sinken auf den Grund des Sees. Da sie meist nur unvollständig zersetzt werden, bilden sie große Mengen an Schlamm. Das Schilf wächst weiter in Richtung Mitte des Sees.

Nach und nach verbreiten sich auch Schwimmblattpflanzen und Tauchpflanzen. Die Menge der abgestorbenen Pflanzenteile wird immer größer.

Jahr für Jahr dringen die Land- und Schwimmpflanzen weiter in Richtung Gewässermitte vor, sodass der See allmählich ganz „zuwächst". Man spricht von **Verlandung**.

Schließlich findet selbst das Schilf keinen Lebensraum mehr. Statt dessen gedeihen jetzt Sumpf- und Wiesenpflanzen, die beinahe die ganze Fläche des Sees bedecken. Aus dem See wird auf diese Weise ein **Flachmoor**. Der See selbst ist scheinbar verschwunden. Eine Decke aus *Binsen*, *Seggen* und vielen verschiedenen Blütenpflanzen wie *Sonnentau* wuchert wie eine nasse Rasenschicht auf der ehemaligen Wasseroberfläche.

Das Betreten dieses **Schwingrasens** kann gefährlich sein, da sich darunter oft noch Wasser befindet. Begibt man sich vorsichtig auf diese Fläche und wippt mit den Beinen, so schwingt oft ein zimmergroßes Stück. Daher stammt auch der Name. Unter dieser Decke herrscht Sauerstoffmangel. Dadurch werden die abgestorbe-

2 Stufen der Verlandung.
A Die Schlammschicht im See wird höher;
B Flachmoor, im Untergrund Flachmoortorf;
C Hochmoor

Zusammenhänge im Ökosystem

nen Pflanzenteile am Seegrund zu **Flachmoortorf** umgewandelt.

Wenn sich die Decke des Schwingrasens verdichtet und sich das Seebecken weiter mit Flachmoortorf auffüllt, können sich auch Nässe vertragende Baumarten ansiedeln. Beispiele hierfür sind *Erlen*, *Ebereschen* und *Weiden*. Sie bilden einen **Bruchwald.** Nach und nach erhöht sich der Boden des Sees durch abgebrochene Äste, Laubfall und umgestürzte Bäume. Er wird auf diese Weise immer trockener. Dadurch finden später auch *Birken* und *Kiefern* geeignete Lebensbedingungen. Je nach den vorherrschenden Baumarten nennt man die Wälder auf einem Flachmoor *Erlenbruch-*, *Birkenbruch-* oder *Kiefernbruchwälder*.

Eine solche Veränderung kann sich bei kleineren Seen über Jahrzehnte erstrecken, bei größeren Seen kann dieser Verlandungsprozess mehrere tausend Jahre dauern. Je höher der Mineralsalzeintrag in einem See ist, desto besser gedeihen die Pflanzen und desto schneller verlandet er.

> **Erschließungsfeld**
> ### Zeit
> Zeit ist eine Dimension, in der alle biologischen Phänomene ablaufen. Alle lebenden Systeme unterliegen zeitlichen Veränderungen.
> So können in Ökosystemen verschiedene Entwicklungsstadien aufeinanderfolgen. Sie unterscheiden sich in der Zusammensetzung ihrer Lebensgemeinschaften. Man bezeichnet diesen Vorgang als Sukzession.

In niederschlagreichen Gebieten trocknet die Oberfläche der Böden in Bruchwäldern nicht mehr aus. Dadurch bilden sich im Humus Säuren. Auf dem nassen, sauren, mineralsalzarmen Boden siedeln sich *Torfmoose* an. Diese sind sehr genügsam und vermögen viel Wasser zu speichern. Allmählich wachsen sie zu mächtigen Polstern heran, „ersticken" bald alle Bäume und bedecken schließlich weite Flächen. Im Laufe von Jahrtausenden entsteht so ein mineralsalzarmes **Hochmoor.** Dies hat eine uhrglasförmige Oberfläche mit hoher Mitte und flachen Rändern. Neben den Torfmoosen gedeihen im Hochmoor zahlreiche weitere Pflanzen wie *Sonnentau*. Auf den Fangblättern dieser Insekten fangenden Pflanze sitzen zahlreiche Drüsenhaare, die mit ihrem klebrig-süßen Fangschleim Insekten anlocken und festhalten. Die so gefangenen Tiere werden durch Enzyme zersetzt. Die Sonnentaublätter nehmen Nitrate und Phosphate auf und versorgen sich auf diese Weise mit den lebenswichtigen Ionen, die im Wasser von Hochmooren „Mangelware" sind.

> Im Laufe von vielen Jahren altern Seen und verlanden schließlich.

1 Beschreibe den Verlandungsprozess eines Sees. Benutze hierzu die Abbildung 2 und das Erschließungsfeld „Zeit".

3 Hochmoor mit Sonnentau

Zusammenhänge im Ökosystem

2.10 Belastungen eines Sees

Ein Blick auf eine Freizeitkarte zeigt, dass ein See viele Menschen anzieht. An seinen Ufern liegen Dörfer, Wochenendsiedlungen und Campingplätze. Ausflugslokale, Bootshäfen und Strandbäder sind zusätzliche Attraktionen. Es ist schön, an einem See zu leben oder dort seine Freizeit zu verbringen. Seen sind allerdings empfindliche Ökosysteme, die auf Eingriffe des Menschen reagieren. So führt die Nutzung dazu, dass die natürlichen Pflanzenzonen zerstört werden. Am Ufer verschwindet die Erlenzone durch Bebauung. Das Röhricht wird durch Bootsanleger und Badestellen zurückgedrängt. Dadurch wird vielen Tierarten die Lebensgrundlage entzogen. Sie finden keinen Schutz und keine Nahrung mehr. Besonders schwerwiegend ist die Zerstörung der Schilfgürtel, weil Schilf beträchtlich zur Selbstreinigung des Seewassers beiträgt.

1 Strandbad

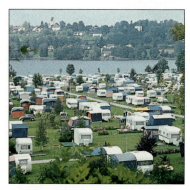

2 Campingplatz am See

An den zugänglichen Stellen drängen sich die Seebesucher. Sie zertreten oftmals die empfindlichen Bodenpflanzen und hinterlassen große Mengen Abfall. Manches davon wird achtlos ins Wasser geworfen oder am Ufer liegen gelassen, wo es die Landschaft verschandelt.
Dort, wo Strandbäder entstehen, werden Bäume und Sträucher der Uferbefestigung beseitigt und durch kahle Grasflächen ersetzt. Auch die Pflanzen der Uferzone vertragen den Badebetrieb nicht. Nach und nach verliert das Ufer seinen natürlichen Schutzsaum und ist damit dem Wind und Wellenschlag ausgesetzt. Der fruchtbare Boden wird weggespült und die Zugangsstellen zum See werden kahl und lebensfeindlich.

3 Abfälle im Wasser

5 Ausschnitt aus einer Freizeitkarte

Auch Aktivitäten auf dem See wie Surfen, Segeln oder Boot fahren wirken sich nachteilig auf das Ökosystem aus. So werden Vögel beim Brüten oder der Aufzucht der Jungen gestört. Werden sie zu oft aufgescheucht, verlassen sie diesen Lebensraum. Auch Wasserpflanzen reagieren sehr empfindlich auf Beschädigungen durch Boote oder Surfbretter. Werden die Pflanzen geknickt oder abgebrochen, sterben sie häufig ab.
Nicht selten trifft man am Ufer auf Scharen von Stockenten. „Tierliebhaber" verursachen mit ihren Fütterungen diese Massenansammlungen, die dem See

4 Ursachen der Überdüngung

Zusammenhänge im Ökosystem

6 Fütterung von Wasservögeln

ebenfalls schaden. Futter, das nicht aufgenommen wird, sinkt auf den Grund und verfault. Zusätzlich wird das Wasser durch den vielen Kot belastet.

An das Seeufer grenzen Weiden, wo z.B. Rinder überall ungehindert zum Trinken ins Wasser gehen können. Hier werden die Uferpflanzen zertreten oder abgefressen.

Die Besiedlung der Ufer und der Ansturm der Touristen haben zur Folge, dass große Mengen Abwasser anfallen. Nicht alle Klärwerke sind in der Lage, Mineralstoffe wie Phosphat oder Nitrat ausreichend aus dem Abwasser zu entfernen. So gelangen sie über Zuflüsse ins Seewasser. Dieselben Stoffe werden durch Bäche von überdüngten Äckern und Weiden eingeschwemmt. Schließlich sammeln sich im See mehr Mineralstoffe an, als von den Wasserpflanzen aufgenommen werden können. Diese *Überdüngung* fördert insbesondere das Algenwachstum. Im Wasser treiben dann Fadenalgen wie grüne Wattebäusche oder die Oberfläche ist mit einem Schleim aus Blaualgen überzogen. Als Folge dieser *„Algenblüte"* dringt wenig Licht ins Wasser und die Tauchpflanzen gehen zugrunde. Auch die Algen sterben nach einiger Zeit ab und sinken zu Boden. Dort werden sie durch Bakterien zersetzt. Dabei wird viel Sauerstoff verbraucht, der den übrigen Lebewesen fehlt. Es entsteht mehr abgestorbene Tier- und Pflanzenmasse, als abgebaut werden kann. So bilden sich stinkender Faulschlamm und giftige Gase. Die Tier- und Pflanzenwelt verödet und das Leben im Wasser erlischt an *Sauerstoffmangel*. Man nennt dieses Seesterben: „Der See kippt um."

7 Rinder am Seeufer

8 Algenblüte

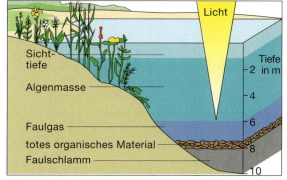

9 Folgen der Überdüngung

> Die Tier- und Pflanzenwelt der Seen wird durch Besiedlung, Wassersport und Weidevieh gefährdet. Der Eintrag häuslicher und landwirtschaftlicher Düngestoffe kann zu Sauerstoffmangel führen.

1 Beschreibe Auswirkungen, die starker Tourismus auf einen See hat.

2 Beschreibe Maßnahmen, wie ein belasteter See wieder gesunden kann.

Zusammenhänge im Ökosystem

Streifzug durch die Sozialkunde

Was wird aus dem Baggersee?

Sand und Kies sind wichtige Rohstoffe für den Bau von Straßen und Häusern. Doch bei ihrer Gewinnung entstehen riesige Löcher, die öden Mondlandschaften ähneln. Was soll mit einem solchen Baggerloch geschehen, das mit Wasser vollgelaufen ist?

Wanderwege sollen den Erholungssuchenden die Möglichkeit bieten, ihre Freizeit in einer möglichst ungestörten Natur zu verbringen.

Der **Sportklub** möchte das Gelände als *Moto-Cross-Piste* haben und auch als *Mountainbike-Parcours* mitbenutzen. Er sichert zu, dass keine Natur zerstört wird und die Lärmbelästigung sich in Grenzen hält.

Der **Verein Naturschutzbund** will das Baggerloch möglichst naturnah anlegen und daraus ein *Vogelschutzgebiet* entwickeln. Durch Wohngebiete und Straßenbau sind große Naturflächen verloren gegangen. Als Ausgleich könnte das Gebiet der Erhaltung von Tieren und Pflanzen dienen. Vögel finden dort auf dem Wasser, am Ufer und an den Sandwänden ideale Lebensräume.

Nach dem Gesetz ist der Verursacher der Naturzerstörung verpflichtet, das ursprüngliche Landschaftsbild wieder herzustellen. So kann er die Grube verfüllen und wieder Bäume anpflanzen. Diese Maßnahme wird als **Rekultivierung** bezeichnet. Es sind aber auch andere Nutzungsformen möglich. Oft prallen dabei die Wünsche unterschiedlicher Interessengruppen aufeinander.

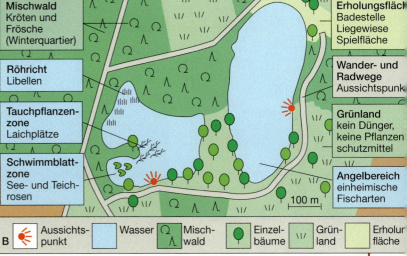

1 Kiesgrube. A Kiesabbau; **B** Plan zur Rekultivierung

Das **Amt für Naturschutz** will das Gebiet für den *Biotop-* und *Artenschutz* erhalten. Sich selbst überlassene Sandgruben besiedeln sich von allein. Nach einigen Jahren zeichnen sie sich oft durch eine Vielfalt an seltenen Pflanzen und Tieren aus.

Der **Angelverein** möchte das Baggerloch zu einem *Fischgewässer* mit naturnahen Ufern umgestalten und mit heimischen Fischarten besetzen.

Die **Bürgerinitiative** wünscht, dass das Gelände als *Naherholungsgebiet* hergerichtet wird. Sie plant, ein Strandbad mit einer Liegewiese anzulegen. Die Restflächen werden mit Laubbäumen bepflanzt. Rad- und

Der **Rat der Stadt** lädt alle interessierten Gruppen zu einer Bürgerversammlung ein. Er stellt seinen Plan vor und gibt allen die Gelegenheit, sich zu dem Vorhaben zu äußern.

1 Betrachte den Plan und stelle fest, welche Ziele verwirklicht werden sollen.
2 Zu welchen Konflikten kann der Plan führen?
3 Entwirf einen Plan nach deinen Vorstellungen.
4 Gestalte mit deiner Klasse eine Bürgerversammlung als Rollenspiel. Bildet Gruppen, die die Meinung der genannten Interessenten vertreten.

Zusammenhänge im Ökosystem

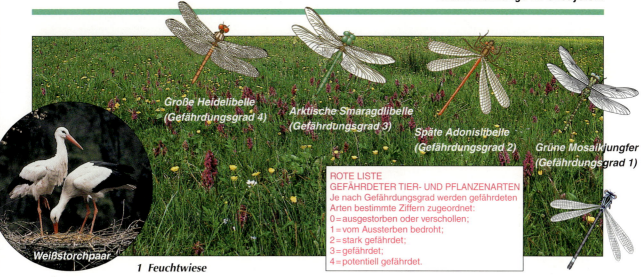

1 Feuchtwiese

ROTE LISTE GEFÄHRDETER TIER- UND PFLANZENARTEN
Je nach Gefährdungsgrad werden gefährdeten Arten bestimmte Ziffern zugeordnet:
0 = ausgestorben oder verschollen;
1 = vom Aussterben bedroht;
2 = stark gefährdet;
3 = gefährdet;
4 = potentiell gefährdet.

2.11 Gefährdung von Pflanzen und Tieren

Unternimmt man an einem Frühlingstag eine Exkursion zu einer *Feuchtwiese*, leuchten schon von weitem die gelben Blüten des *Scharfen Hahnenfußes*. Auch das weiß bis rosa blühende *Wiesenschaumkraut* gehört in dieser Zeit zu den häufigen Pflanzen. Man braucht aber viel Glück, um das seltene *Breitblättrige Knabenkraut* oder sogar die vom Aussterben bedrohte *Schachblume* zu finden. Auch manche Libellenarten wie die *Mosaikjungfer* entdeckt man kaum noch. Nach *Weißstörchen,* die hier noch vor wenigen Jahrzehnten ihrer Nahrungssuche nachgingen, hält man meist vergeblich Ausschau. Warum sind so viele der auf der Feuchtwiese vorkommenden Arten selten geworden?

Feuchtwiesen sind an einen hohen Grundwasserstand gebunden. An vielen Orten wurde dieser durch Entwässerung abgesenkt, um eine intensivere Bewirtschaftung oder um Baumaßnahmen zu ermöglichen. Arten, die an feuchte Lebensräume gebunden sind, können dann nicht überleben. Bei Beweidung werden empfindliche Pflanzen durch Fraß oder Viehtritt geschädigt. Düngung fördert nur wenige, schnell wachsende Pflanzenarten, die andere Arten verdrängen. Wenn die Zahl der Pflanzenarten abnimmt, wird auch vielen Tierarten die Lebensgrundlage entzogen. So wird mit dem Verschwinden der Feuchtwiesen den an deren Bedingungen angepassten Pflanzen- und Tierarten der Lebensraum genommen.

Am Beispiel des *Weißstorchs* kann diese Entwicklung deutlich gemacht werden. Seit einigen Jahrzehnten nimmt die Zahl der Störche in den alten Bundesländern ständig ab: Hier brüten nur noch 1100 Paare. Durch das Verschwinden der Feuchtwiesen können die Störche nicht mehr genügend Nahrung finden. Viele Tiere sterben in den Drähten von Hochspannungsleitungen.
In den neuen Bundesländern leben dagegen rund 3500 Storchenpaare. Das Storchendorf Loburg in Sachsen-Anhalt registriert den Weißstorch-Bestand aller Bundesländer und erfasst auch das Flugverhalten der Störche.

Gefährdete Pflanzen und Tiere werden in der **Roten Liste** aufgeführt und durch Naturschutzgesetze geschützt.
In Deutschland und angrenzenden Regionen sind viele Lebensräume bereits zerstört. Ursachen sind intensive Land- und Forstwirtschaft, dichte Wohnbesiedlung und die Industrie. *Auen-* und *Bruchwälder* sind durch Flussregulierung und Grundwasserabsenkung stark zurückgegangen.

> Durch verschiedene Arten der Landnutzung werden Lebensräume verändert. Hierdurch werden in ihnen lebende Pflanzen- und Tierarten gefährdet. Zur Erhaltung der Arten müssen ihre Lebensräume geschützt werden.

1 Erkläre die Aussage „Naturschutz ist immer auch Biotopschutz".
2 Erkläre die Bedeutung der Roten Liste.

2 Rückgang der Weißstorchpaare in den alten Bundesländern

Zusammenhänge im Ökosystem

2.12 Naturschutz in Sachsen

Sachsen ist ein Bundesland mit vielen schützenswerten Gebieten, die ganz verschiedene Ökosysteme umfassen. Ihr Schutz wird durch das Sächsische Naturschutzgesetz ermöglicht.

Im Osten Sachsens findet man zum Beispiel das **Biosphärenreservat** „Oberlausitzer Heide- und Teichlandschaft". Hier liegt das größte Teichgebiet Deutschlands. Von den rund 30 000 ha Gesamtfläche nehmen Teiche und andere aquatische Ökosysteme etwa 10 Prozent ein. Das Biosphärenreservat ist in vier Schutzzonen gegliedert. Die Kernzone und die Pflegezone haben gleichzeitig den Status eines **Naturschutzgebietes** mit strengen Schutzbestimmungen. Die beiden Entwicklungszonen können dagegen traditionell besiedelt und bewirtschaftet werden. Hier leben circa 12 800 Deutsche und Sorben. In diesen beiden Zonen sollen sich auch Bergbaufolgelandschaften entwickeln, die stillgelegte Braunkohletagebaue ablösen.

Der **Nationalpark** „Sächsische Schweiz" wurde 1990 gegründet. Er schützt vorrangig Fels-Wald-Komplexe, Schlucht- und Hangwälder und Bäche. Im April 1995 wurden in den Bächen des Nationalparks einige hundert junge Elbelachse ausgesetzt. Sie sollen später als erwachsene Tiere hier hin zurückkehren. Möglich wurde dieses Projekt durch eine stark verbesserte Wasserqualität der Elbe. So konnten seit 1990 drastische Rückgänge bei organischen Belastungen, bei Schwermetallen wie Cadmium und Quecksilber und beim Phosphateintrag erzielt werden. Gleichzeitig stieg der Sauerstoffgehalt der Elbe und ihrer Nebenflüsse wieder an, die Gewässergüte konnte sich verbessern. In Sachsen gibt es 168 **Landschafts-**

1 Bergbach

2 Gewässergütekarte (Ausschnitt)

schutzgebiete, die fast 28 Prozent der Landesfläche ausmachen. Gegenüber den Naturschutzgebieten sind sie meist großflächiger und können land- und forstwirtschaftlich genutzt werden, wenn der Charakter des Gebietes erhalten bleibt.

Ein guter Biotopschutz erfordert Daten über die dort vorkommenden Arten. So konnten im Raum der Trossiner Teiche Biber, Sumpfspitzmäuse und Fischotter nachgewiesen werden. In den Sümpfen, Bruchwäldern und Nasswiesen brüten auch Kranich, Weißstorch und Eisvogel. Ebenso sind seltene Moorpflanzen anzutreffen. 40 Hektar dieses Gebietes konnte der NABU Sachsen bereits erwerben. Hier kommen auch stark gefährdete Tiere wie Bachneunauge, Deutscher Edelkrebs und Kammmolch vor.

Andere Projekte wenden sich bestimmten Tiergruppen zu. So sind zum Beispiel die Lurche mit 17 Arten in Sachsen vertreten. Davon sind allein 13 Arten nach der Roten Liste Sachsens gefährdet. Um sie besser zu schützen, hat man schon 1996/97 alle Gewässer erfasst, die für Amphibien eine Rolle spielen. Sie bieten zum Beispiel Feuersalamander und Kreuzkröte einen Lebensraum. Die Daten werden für die Vernetzung von Biotopen und das Ausweisen von Schutzgebieten genutzt.

> Zur Erhaltung der Arten- und Biotopvielfalt wurden und werden in Sachsen verschiedene Kategorien von Schutzgebieten geschaffen.

1 Informiere dich über zwei in Sachsen geschützte Arten genauer. Stelle Steckbriefe auf.

2 Erläutere die Unterschiede zwischen Nationalpark, Biosphärenreservat und Naturpark. Nutze das Internet oder Fachliteratur.

3 Weißstorch

RENATURIERUNGSMASSNAHMEN

Pinnwand

Ausbaggern eines Sees

Durch das Ausbaggern eines Sees können Schlammschichten bis zu 60 Prozent reduziert werden. Dieses Sedimentaufbereitungsverfahren verhindert die Verschlammung und damit die Verlandung des Sees.

Biber im Aufwind

Biber leben in Fluss- und Seenlandschaften mit Auwäldern. Hauptvorkommen des Elbebibers ist das Gebiet der Mittelelbe mit den angrenzenden Zuflüssen der Mulde und der Schwarzen Elster. Ein Teil dieses Gebietes ist als Biosphärenreservat anerkannt. Im Regierungsbezirk Leipzig leben zum Beispiel über 370 Biber. Ein leichter Rückgang der Population war nur im Jahr 2000 beim Hochwasser zu verzeichnen. Trotzdem sind Biber immer noch durch Fluss-Begradigungen und den Rückgang der Auwälder gefährdet.

„Rettet den Eisvogel"

Der Eisvogel steht auf der Roten Liste der gefährdeten Tierarten. Er baut seine Bruthöhle in Uferabbruchkanten. Natürliche Abbruchkanten und üppiger Pflanzenbewuchs werden durch Begradigung der Flüsse immer seltener. Um den Eisvogel zu schützen, sind Erhaltung und Pflege dieses Lebensraumes besonders wichtig.

Pflege von Uferbereichen

Die regelmäßige Pflege der Uferbereiche von Gewässern wie Seen oder Bächen schützt vor Verwucherung der Randbereiche und dem Zuwachsen von Gewässern. Zur Uferpflege gehören Beseitigung von Gestrüpp und Wildwuchs sowie das Mähen von Sohlen und Uferböschungen.

---

1 Nenne Möglichkeiten der Gewässer- und Uferpflege.

2 Informiere dich im Internet über Schutzmaßnahmen für den Eisvogel, z. B. bei www.projekt-eisvogel.de. Stelle die Ergebnisse übersichtlich dar.

Zusammenhänge im Ökosystem

2.13 Wir gehen auf Exkursion

Die Klasse 9b hatte in Biologie einen Erkundungsgang im Schulgelände durchgeführt. Dabei erhielten die Schülerinnen und Schüler eine erste Übersicht über die verschiedenen Lebensräume. Bei der Nachbesprechung in der nächsten Stunde sind sich aber alle einig, dass man die Lebensräume noch viel genauer untersuchen müsste. Die Biologielehrerin ist damit einverstanden. In der nächsten Woche will sie eine ökologische **Exkursion** durchführen.

Eine Exkursion muss gut vorbereitet werden. Zunächst ist zu klären, welche Art von Lebensraum untersucht werden soll. Danach richtet sich die Auswahl an Geräten, Sammelbehältern und Bestimmungsbüchern.
Auch die Kleidung muss zweckmäßig gewählt werden. Geht die Exkursion in sumpfiges Gelände oder an ein Gewässer, sollten Gummistiefel mitgenommen werden. An solchen Exkursionszielen ist auch mit Stechmücken zu rechnen. Lange Hosen und Hemden oder Pullis mit langen Ärmeln helfen Stiche zu vermeiden.

Wenn keine Karte zum Exkursionsgelände vorliegt, muss man zuerst eine Kartenskizze anfertigen, damit Eintragungen über die Lage von Geländeeigenschaften und die Fundorte von Pflanzen und Tieren gemacht werden können.
Zu Beginn der eigentlichen ökologischen Arbeit steht das **Betrachten** des Exkursionsgebietes. Dabei bespricht man in der Arbeitsgruppe, welche Untersuchungen an welcher Stelle durchgeführt werden sollen und wer aus der Gruppe welche Aufgabe übernimmt. Diese Planung der Arbeit kostet zwar anfangs etwas Zeit, ist aber die Voraussetzung für ein gutes Gelingen der Gruppenarbeit.

Wichtige Tätigkeiten im Exkursionsgebiet sind das **Messen,** das **Beobachten** und das **Sammeln.** Messen kann man beispielsweise Temperatur, Luftfeuchtigkeit und Helligkeit, wenn entsprechende Messgeräte zur Verfügung stehen. Sehr wichtig ist dabei das genaue **Protokollieren** der Messergebnisse, damit auch später noch eine Auswertung der Daten möglich ist. Oft kann man auch Tiere in ihrem natürlichen Lebensraum beobachten. Deshalb darf ein Fernglas nicht fehlen. Diese Beobachtungen sollten ebenfalls protokolliert werden. Es ist auch sinnvoll, Fotos im Exkursionsgebiet zu machen.

Bei der Arbeit im Gelände müssen die **Naturschutzbestimmungen** beachtet werden. So dürfen beispielsweise Blätter und Blüten für ein Herbar nur von nicht geschützten Pflanzen gepflückt werden. Seltene Arten dürfen dagegen nur an Ort und Stelle bestimmt werden. Nicht geschützte Tiere sollte man nach der Bestimmung in der Regel sofort wieder freilassen. Geschützte Tiere dürfen nicht gefangen werden. In Zweifelsfällen muss die begleitende Lehrperson gefragt werden.
Nach der Exkursion beginnt die **Auswertung.** Dazu kann man Karten zeichnen, die das Vorkommen

> **Fachbegriff**
> **Exkursion**
>
> Das Wort Exkursion kommt aus dem Lateinischen und bedeutet Ausflug oder Streifzug. In der Biologie und in anderen Naturwissenschaften versteht man darunter Gänge oder Fahrten in die Natur. Auf Exkursionen führt man meist Beobachtungen und Messungen durch. Außerdem werden z. B. Pflanzen und Tiere bestimmt.

1 Arbeiten im Gelände.
A *Betrachten;* **B** *Beobachten;*
C *Sammeln;* **D** *Bestimmen*

Zusammenhänge im Ökosystem

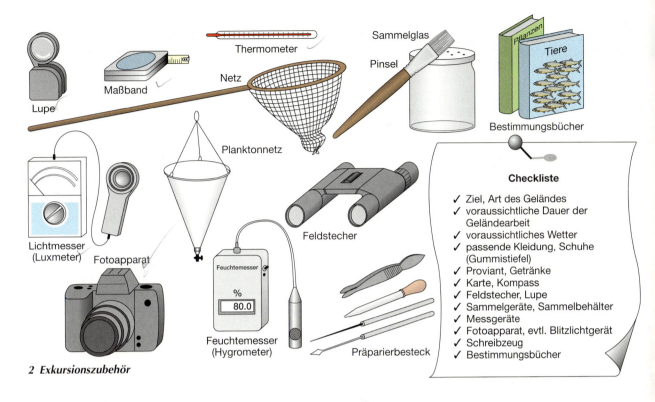

2 Exkursionszubehör

bestimmter Pflanzenarten im Exkursionsgebiet zeigen. Es lassen sich auch die mitgebrachten Pflanzen ausstellen und Listen mit Abbildungen der gefundenen Tiere vorbereiten.

Manche Fragestellungen sind nur durch **Experimente** lösbar. So lässt sich zum Beispiel untersuchen, ob ein Regenwurm helles Licht meidet oder aufsucht. In einem Terrarium können vorübergehend Schmetterlingsraupen oder Schnecken leben. So ist es einfach, herauszufinden, welche Nahrungspflanzen diese bevorzugen.

Auch die Wasserqualität eines Sees kann man experimentell bestimmen. Dazu werden bei verschiedenen Wasserproben zum Beispiel pH-Wert, Temperatur, Phosphatgehalt und Nitratgehalt ermittelt.

Auf der Exkursion zu einem See ist es außerdem nötig, im und am Wasser lebende Tiere und Pflanzen zu erfassen. Zum **Bestimmen** dienen verschiedene Bestimmungsbücher und der auf Seite 103 abgebildete Bestimmungsschlüssel für Wirbellose.

Bei sehr kleinen Tieren und Algen empfiehlt sich die Benutzung einer Stereolupe oder des Mikroskops. Deshalb werden Wasserproben genommen, und in Plastikflaschen oder Gläser verpackt und beschriftet. So kann man sie sicher in die Schule zur Auswertung mitnehmen. Durch mikroskopische Zeichnungen können die Untersuchungsergebnisse anschaulich festgehalten werden.

Nach Möglichkeit sollten Einflüsse des Menschen auf das Ökosystem geklärt werden, dazu gehören zum Beispiel die Nutzung des Sees durch einen Angelverein, die Einleitung von Abwässern oder die Betreuung durch eine Naturschutzgruppe. Die so gewonnenen Erkenntnisse können für die Erklärung der ermittelten Wassereigenschaften und der Artenzusammensetzung wichtig sein.

Die Ergebnisse werden in ein vorbereitetes Protokoll eingetragen. Hier sind auch Datum, Uhrzeit und Angaben über das Wetter zu vermerken. Besonders interessant sind Messreihen, die über einen längeren Zeitraum hinweg oder zu verschiedenen Jahreszeiten aufgenommen werden.

> Bei einer ökologischen Exkursion untersucht man die Lebensbedingungen in Ökosystemen. Dabei werden die abiotischen Umweltfaktoren im Gelände und die vorkommenden Pflanzen- und Tierarten bestimmt.

1 Erläutere die Verwendungsmöglichkeiten des abgebildeten Exkursionszubehörs aus Abbildung 2.
2 Plane eine Exkursion zum See. Erstelle eine Liste der Ausrüstungsgegenstände, die dafür nötig sind. Arbeite mit der Checkliste in Abbildung 2 und den Versuchsbeschreibungen der Seiten 102 bis 105.

Zusammenhänge im Ökosystem

Methode — **Simulationen**

Wie entwickelt sich die Weltbevölkerung? Wie lange reicht das Erdöl noch? Solche Entwicklungen können mithilfe von Computern in Simulationen durchgespielt werden. Diese Simulationen helfen, die Wirklichkeit besser zu verstehen.

Dabei muss einem bewusst sein, dass man die komplexe Wirklichkeit nie vollständig in einem Modell simulieren kann. Aber Modelle liefern oft wichtige Erkenntnisse. Sie können helfen, die Wirklichkeit gezielt zu beeinflussen.

Wenn man die Ergebnisse einer Simulation wieder auf die Wirklichkeit überträgt, muss man nach den Grenzen des Modells fragen: Wie gut und genau waren die eingesetzten Daten und welche Einflüsse und Wechselwirkungen wurden nicht berücksichtigt?

1 Simuliere mit DYNASIS, wie sich die Weltbevölkerung in den nächsten 50 Jahren entwickeln wird. Platziere einen Zustand „Menschen" auf dem Editor und gib einen Startwert von 6 (Milliarden) ein. Platziere eine Zustandsänderung „Zuwachs" und einen Wirkungspfeil von „Menschen" auf „Zuwachs". Gib dann für „Zuwachs" den Wert „Menschen*0,013" ein, weil sich die Weltbevölkerung derzeit im Jahr um 1,3 % vermehrt. Starte die Simulation.
a) Welche Bevölkerung ergibt sich für das Jahr 2050?
b) Wie ändert sich diese Zahl, wenn du mit 0,5 % Wachstum (Deutschland der 90iger Jahre) oder 1,6 % Wachstum (Brasilien) experimentierst?
c) Überlege, warum die wirkliche Entwicklung anders verlaufen kann, als es die Simulation zeigt.

2 Die leicht förderbaren Welterdölreserven werden auf etwa 140 Milliarden Tonnen geschätzt. Zur Zeit verbraucht die Weltbevölkerung im Jahr durchschnittlich 0,5 t pro Kopf (US-Amerikaner durchschnittlich 3t, Europäer 1,6t, Inder 0,1t).
Ergänze das Modell aus Aufgabe 1 um den Zustand „Erdöl" (Startwert 140) und die davon abführende Zustandsänderung „Ölverbrauch". Setze einen Wirkungspfeil zwischen „Menschen" und „Ölverbrauch". Gib „Menschen*0,5" für den „Ölverbrauch" ein.
a) Für wie viele Jahre reicht das Erdöl noch?
b) Nenne Faktoren, die die wirkliche Entwicklung beeinflussen könnten.

www.modsim.de
www.destatis.de

1 Modell mit dem Simulationsprogramm DYNASYS: Zahl der Fische in einem kleinen Teich, in dem sich höchstens hundert Fische vermehren können

Werkzeuge und Arbeitsschritte:

normal zur Bearbeitung aktiv

1. anklicken, um einen neuen Zustand, z.B. die Fischzahl, zu platzieren

2. anklicken, um mit der Maustaste eine neue Zustandsänderung als Zufluss zu einem Zustand hin oder als Abfluss von einem Zustand weg zu platzieren

3. anklicken, um zusätzliche Einflussfaktoren wie hier die Vermehrungsrate zu setzen

4. anklicken, um mit der linken Maustaste einen Wirkungspfeil von einer zu einer anderen Größe zu ziehen

Modelleditor:
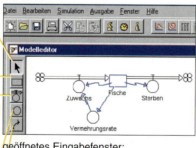

geöffnetes Eingabefenster:

Eingaben für die Modellrechnung:

für Zustand „Fische": 5 (Startwert)
für Zustandsänderung „Sterben": Fische*0,1
(d.h. es stirbt pro Zeiteinheit jeweils 1/10 der Fische)
für Zustandsänderung „Zuwachs":
Fische *Vermehrungsrate
für Einflussfaktor „Vermehrungsrate":
wenn (Fische<100; 0,5; 0)
(d.h. wenn die Fischzahl kleiner als 100 ist, dann vermehren sich die Fische um die Hälfte (0,5), sonst gar nicht (0))

Ausgabe des Zeit-Fische-Diagramms:
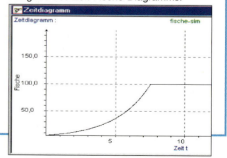

Zusammenhänge im Ökosystem

Diagramme erstellen und auswerten

Methode

Die Bildfolge zeigt dir, wie du **ein Diagramm mit dem Computer erstellen** kannst.

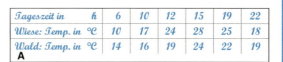

1. Öffne ein Tabellenkalkulations-Programm und gib die Daten in die Zellen der Programm-Tabelle ein.
2. Markiere nun mit der Maus die Zellen der Tabelle, von denen das Diagramm erstellt werden soll. Klicke dann das Diagramm-Symbol an. Jetzt öffnet sich in einem Fenster der „Diagramm-Assistent". Du kannst zwischen verschiedenen Diagrammtypen wählen.
3. Mit einem **Kreisdiagramm** kannst du die verschiedenen Anteile von einer Gesamtheit darstellen, zum Beispiel die Zusammensetzung der Luft. Ein **Säulendiagramm** bietet sich für Vergleiche an, zum Beispiel der Wuchshöhen verschiedener Bäume. Soll wie in Bild 1 eine Größe wie die Temperatur in Abhängigkeit von einer anderen, der Tageszeit, aufgetragen werden, musst du das **xy-Diagramm** wählen. Achte darauf, dass du auf der x-Achse die vorgegebene Größe, hier die Tageszeit, und auf der y-Achse die davon abhängige Größe, die Temperatur, aufträgst.
4. Beschrifte die Achsen mit den Größen und Einheiten. Gib dem Diagramm einen Titel.
5. Nun kannst du das Diagramm noch gestalten, bevor du es speicherst und ausdruckst.

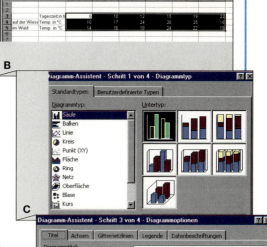

Gehe zur **Diagrammauswertung** schrittweise vor:
1. Schreibe zuerst in einem Satz auf, was das Diagramm darstellt:
Das Diagramm zeigt die Temperatur in einem Wald und auf einer Wiese abhängig von der Tageszeit.
2. Formuliere grundlegende Sachverhalte, die sich aus dem Diagramm ablesen lassen:
Im Laufe des Tages steigen die Temperaturen sowohl auf der Wiese als auch im Wald bis zum Nachmittag an und fallen dann wieder ab. Im Wald sind die Temperaturunterschiede aber geringer als auf der Wiese.
3. Versuche zuletzt Gründe für die Sachverhalte zu finden. Gib, wo es passt, weitere Erläuterungen:
Die Sonne erwärmt im Tagesverlauf die Luft. Da im Wald mehr Wasser verdunstet als auf der Wiese, bleibt es hier kühler. Aber auch in der Nacht kühlt der Wald weniger aus, da Wasser (Feuchtigkeit) ein guter Wärmespeicher ist. Wälder regulieren das Klima.

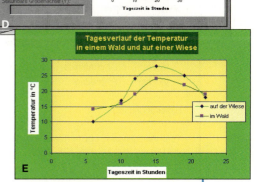

1 In einem Wald wurde in etwa 10 m Höhe einen Tag lang die CO_2-Konzentration gemessen. Erstelle aus den Messdaten ein Diagramm und werte es aus.

1 Ein Diagramm erstellen.
A Messtabelle; **B** Eingabe der Messdaten in die Programm-Tabelle; **C** Auswahl des Diagrammtyps; **D** Benennung des Titels und der Achsen; **E** fertiges xy-Diagramm

Tageszeit	h	6	9	12	15	18	21	24
CO_2-Konz.	%	0,034	0,032	0,031	0,03	0,031	0,032	0,033

Zusammenhänge im Ökosystem

Übung — **Wasseruntersuchung**

V 1 Beschreibung eines Gewässerlebensraumes

Protokollblatt zur Gewässeruntersuchung

Name des Gewässers: *Kleine Hase*

Lage der Probestelle: *am Artland-Gymnasium*

Name des Probenehmers: *Naturkunde-Arbeitsgemeinschaft*

Datum: *27.6.2005*   Uhrzeit: *8.30 Uhr*

Wetter:
☐ Regen   ☒ bewölkt   ☐ heiter-bewölkt   ☐ sonnig

Lufttemperatur: *15,2 °C*   Wassertemperatur: *16,1 °C*

Strömungsgeschwindigkeit bei Fließgewässern: *0,1 m/s*

Farbstärke:
☐ farblos   ☒ schwach gefärbt   ☐ stark gefärbt

Farbton:
☒ gelblich   ☐ grünlich   ☐ bräunlich

Trübung:
☒ klar   ☐ schwach getrübt   ☐ stark getrübt

Schaumbildung:
☒ kaum   ☐ schwach   ☐ stark

Geruchsintensität:
☐ geruchlos   ☒ schwacher Geruch   ☐ starker Geruch

Art des Geruchs:
☐ frisch   ☐ chemisch   ☒ aromatisch
☐ jauchig   ☐ modrig   ☐ faulig

Einleitungen: *keine*

Verunreinigungen: *etwas Rasenschnitt auf der Wasseroberfläche; einzelne Getränkedosen am Ufer*

Material: Marmeladenglas; Wasserschöpfbecher; Thermometer; Zollstock; Uhr; Bestimmungsbücher; Lupen; Sammelgläser; Küchensieb oder Wasserkäscher; weiße Kunststoffschale; Tuschkastenpinsel; Protokollblätter; Bleistift

Durchführung: *Lufttemperatur:* Halte das Thermometer drei Minuten lang in einem Meter Höhe in den Körperschatten und lies die Temperatur ab.

Strömungsgeschwindigkeit: Bei Fließgewässern oder Zuflüssen kann diese Größe bestimmt werden. Lege den Zollstock an das Ufer, wirf ein Holzstück auf das Wasser und bestimme die Zeit, die das Holz benötigt um eine Strecke von zwei Metern zurückzulegen. Berechne die Strömungsgeschwindigkeit in m/s.

Wasseruntersuchung: Entnimm eine Wasserprobe, gib sie in das Marmeladenglas und führe sofort die Untersuchungen durch. Halte zunächst das Thermometer drei Minuten lang in die Wasserprobe und lies die Temperatur ab. Beurteile Färbung und Trübung des Wassers. Schüttle das Wasser kräftig im verschlossenen Marmeladenglas und beurteile die Schaumbildung. Eine starke Schaumbildung weist darauf hin, dass in dem Wasser sehr viele Reste abgestorbener Kleinlebewesen enthalten sind. Schüttle das Wasser erneut kräftig im verschlossenen Glas, öffne dann den Deckel und beurteile den Geruch.

Erfassung von Kleintieren im Wasser: Sammle jeweils fünf bis zehn Minuten lang Wassertiere zwischen Wasserpflanzen, unter Steinen und im Bodensediment. Führe dabei den Käscher gegen die Strömung. Übertrage die Tiere mit dem Pinsel in die mit etwas Wasser gefüllte Schale. Halte sie stets kühl und setze die Tiere nach der Untersuchung umgehend an der Probestelle wieder aus. Sollen Tiere im Unterrichtsraum untersucht werden, so müssen sie ständig kühl gehalten und nach der Untersuchung sofort wieder am Entnahmeort ausgesetzt werden. Beachte die Naturschutzbestimmungen.

Aufgaben: a) Erstelle Protokollblätter zur Gewässeruntersuchung entsprechend dem nebenstehenden Muster.
b) Erstelle Gewässeruntersuchungsprotokolle für unterschiedliche Gewässer. Untersuche zum Beispiel einen See, einen Teich oder ein Fließgewässer. Trage jeweils die Ergebnisse deiner Untersuchungen sowie Einleitungen, Verunreinigungen und sonstige Bemerkungen zum Gewässer in das Protokollblatt ein.
c) Bestimme ausgewählte Pflanzen sowie die gefangenen Kleintiere. Verwende auch den Bestimmungsschlüssel auf Seite 103. Schreibe Namen und Häufigkeit der Arten auf die Rückseite des Erfassungsbogens. Notiere die Häufigkeit durch folgende Symbole: 1 Einzelexemplar; 2 wenige Exemplare; 3 häufig; 4 massenhaft.
d) Fertige auf Millimeterpapier eine Realkartierung im und am Gewässer an.
Orientiere dich an der Karte auf Seite 94.

Zusammenhänge im Ökosystem

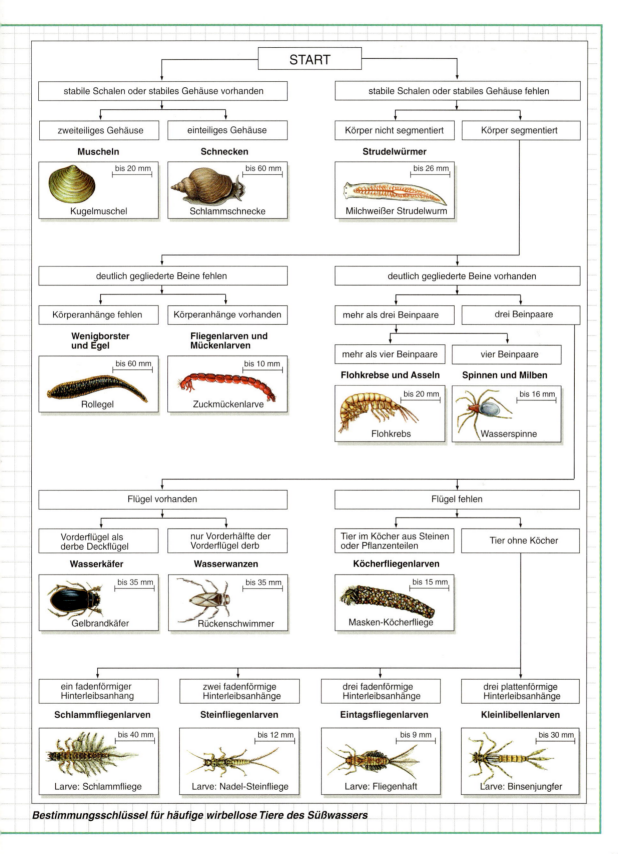

Bestimmungsschlüssel für häufige wirbellose Tiere des Süßwassers

Zusammenhänge im Ökosystem

Übung: Wasseruntersuchung

V 2 Bestimmung der Sichttiefe

Material: 30 cm großer, weißer Plastikteller; 250 cm lange Holzstange; wasserfester Folienstift

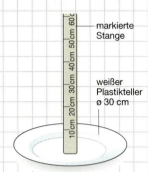

Durchführung: Fertige ein Messgerät für die Sichttiefe an. Nagle den Plastikteller auf das Ende der Holzstange. Markiere diese im Abstand von je 10 cm. Senke das Messgerät in das zu untersuchende Gewässer. Lies die Sichttiefe an der Stange ab, wenn der Teller gerade noch zu erkennen ist.
Hinweis: Die Sichttiefe ist ein Maß für die Wassertrübung.

V 3 Bestimmung der Wassertemperatur

Material: Thermometer; Flasche; Korken; Ringschraube; Ziegelstein; Schnur; Zollstock

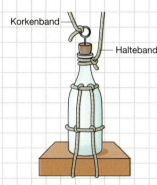

Durchführung: Baue ein Schöpfgefäß entsprechend der Abbildung. Mache im Abstand von einem Meter einen Knoten in das Halteband, um die Tauchtiefe festzustellen.
Versenke das Schöpfgefäß in unterschiedliche Wassertiefen und ziehe den locker eingesetzten Korken heraus. Ziehe die Wasserprobe langsam an die Oberfläche. Miss die Temperatur der Proben. Berechne daraus den Mittelwert.

V 4 Messung des pH-Wertes

Material: Wasserproben aus V3; Universalindikator-Papier
Durchführung: Tauche je ein Stückchen Universalindikator-Papier kurz ins Wasser und lies den pH-Wert an der Farbskala ab. Berechne den Mittelwert aller Wasserproben.

A 5 Nachweis von Nitrat

Material: Wasserproben aus V3; Nitrat-Teststäbchen
Durchführung: Tauche jeweils ein Nitrat-Teststäbchen kurz in die Wasserprobe. Bestimme den Nitratwert. Berechne den Mittelwert für alle Wasserproben.

A 6 Wassergüte

Vergleiche deine Ergebnisse von V2 bis V5 und V8 mit den Werten aus der Tabelle unten. Ermittle in der linken Spalte die Wassergüte. Sollten deine Werte auf unterschiedliche Güteklassen hinweisen, nimmst du einen mittleren Wert an.

Güteklasse	Zustand	Sichttiefe in cm	Wassertemperatur in °C	Sauerstoff $\frac{mg}{l}$	pH-Wert	Nitrat $\frac{mg}{l}$
I	**unbelastet:** klar, kaum Lebewesen, da wenig Nährsalze, Trinkwasserqualität	>200	10-12	>8	7,0	0-1
I-II	**gering belastet:** klar, Nährsalze, Uferbewuchs, Wasserpflanzen und Tiere, Badeseen	150-200	12-14	7-8	7,5 6,0	1-1,5
II	**mäßig belastet:** leichte Trübung durch Algen und pflanzliche Überreste	100-150	14-16	6-7	8,0 5,5	1,5-2,5
II-III	**kritisch belastet:** trüb durch Algen und Bakterien, am Boden Faulschlamm	70-100	16-18	5-6	8,5 5,0	2,5-5,0
III	**stark verschmutzt:** stark getrübt durch Bakterien, Fäulnisvorgänge, kaum Fische	40-70	18-22	3-5	9,0 5,5	5-30
III-IV	**sehr stark verschmutzt:** sehr starke Trübung verursacht durch Abwässer, Fäulnis	20-40	22-24	2-3	9,5 5,0	30-50
IV	**übermäßig verschmutzt:** übel riechend, außer Fäulnisbakterien keine Lebewesen	<20	>24	<2	10 <5	>100

Messwerte zur Bestimmung der Wassergüte

Zusammenhänge im Ökosystem

V7 Bestimmung des Phosphatgehaltes

Material: Wasserproben aus V3; Phosphat-Testbesteck
Durchführung: Bestimme mithilfe des Testbesteckes den Phosphatgehalt der Wasserproben. Verfahre nach der entsprechenden Gebrauchsanweisung.
Aufgaben: a) Vergleiche die Messergebnisse miteinander. Erkläre mögliche Unterschiede.
b) Berechne den Mittelwert aller Messergebnisse. Werte.

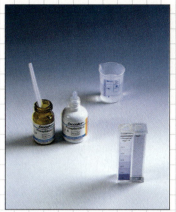

Phosphat-Test

V8 Bestimmung des Sauerstoffgehaltes

Material: Sauerstoff-Messgerät; Becherglas (200 ml); frische Wasserprobe
Durchführung: Schalte das Sauerstoffmessgerät ein. Eiche das Gerät nach der Gebrauchsanweisung. Spüle das Glas zweimal mit einem Teil der Wasserprobe. Fülle das Glas dann bis zur Hälfte mit Probenwasser. Schwenke darin die Messelektrode langsam, bis sich der angezeigte Sauerstoffgehalt nicht mehr verändert.
Aufgaben: a) Führe zwei Messungen des Sauerstoffgehalts durch und berechne den Mittelwert.
b) Vergleiche den errechneten Mittelwert mit den Angaben in der Tabelle auf Seite 104. Welcher Wassergüte entspricht der Wert?

Sauerstoff-Messgerät

V9 Unterschiedlicher Sauerstoffgehalt

Material: Sauerstoff-Messgerät oder Sauerstoff-Testbesteck
Durchführung: Untersuche Proben aus unterschiedlichen Wassertiefen eines Sees. Bestimme auch den Sauerstoffgehalt bei verschiedenen Wassertemperaturen. Vergleiche die Werte des Wassers aus einem stehenden Gewässer (See, Teich) mit den Werten aus einem Fließgewässer (Bach, Fluss).
Aufgaben: a) Erkläre Unterschiede im Sauerstoffgehalt bei verschiedenen Wassertemperaturen.
b) Wie unterscheidet sich der Sauerstoffgehalt eines Baches von dem eines Sees? Erkläre. Nutze dazu auch das Diagramm rechts.

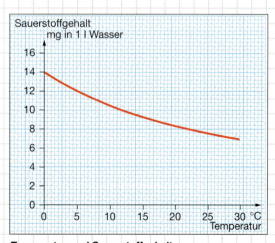

Temperatur und Sauerstoffgehalt

Zusammenhänge im Ökosystem

 Projekt ## Schulteich

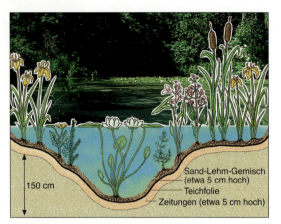

1 Zeichnung des geplanten Teiches

Ein Schulteich ermöglicht das ganze Jahr über interessante Beobachtungen an Wasserpflanzen und Tieren. Auch die Wassergüte kann regelmäßig untersucht werden. Für die Anlage eines Teiches werden zunächst Projektgruppen gebildet, die sich mit der Vorbereitung der einzelnen Schritte beschäftigen.

Gruppe 1: Planung

Als Planungsgruppe informiert ihr euch über das Anlegen eines Folienteiches. Informationen findet ihr zum Beispiel in Fachbüchern. Ihr könnt auch in Gärtnereien nachfragen. Für die Anlage des Schulteiches wählt möglichst ein flaches Gelände. Außerdem sollten keine Bäume in der Nähe stehen. Der herbstliche Eintrag von Blättern kann leicht zu einem zu hohen Nährstoffeintrag führen. Außerdem verursachen die Wurzeln der Bäume oft Schäden in der Teichfolie. Ein Schulteich sollte einen Durchmesser von mindestens fünf Metern und eine Tiefe von etwa einem Meter haben. Überlegt euch, wo ihr flache Uferzonen anlegen wollt. Die Abmessungen des Teiches sowie sein Profil haltet ihr in einer Zeichnung fest. Anschließend steckt ihr den Umriss des Teiches auf dem Gelände mit Stöcken und einer Schnur ab.

2 Ausheben des Teiches; Entfernen von Wurzeln und Steinen

Gruppe 2: Baumaterialien

Informiert euch über Teichfolien. Geeignet für Schulteiche ist eine dicke Folie mit strukturierter Oberfläche. Die Abmessungen der Folie sollten in alle Richtungen etwa drei Meter breiter als die geplante Teichoberfläche sein. Zum Schutz der Folie muss der Teichboden mit Zeitungen oder Vlies abgedeckt werden. Auf die Folie kommt für die spätere Bepflanzung eine Schicht aus Sand, die mit wenig Lehm vermischt wird. Für die Befestigung und das Abdecken der Folie im Uferbereich eignen sich grober Kies, Steine und Steinplatten.

3 Auslegen mit Zeitungen oder Flies

Gruppe 3: Geräte

Von den Abmessungen des geplanten Teiches hängt es ab, ob der Aushub mit einem Kleinbagger oder von Hand mit Hacken, Spaten und Schaufeln geschieht. Erforderliche Geräte können von zu Hause mitgebracht oder von einer örtlichen Baufirma ausgeliehen werden.

Zusammenhänge im Ökosystem

Gruppe 4: Bepflanzung des Teiches

Überlegt euch, welche Pflanzen für die unterschiedlichen Wassertiefen geeignet sind. Dabei gilt die Regel: Wenige Pflanzen der gleichen Art, dafür aber eine möglichst große Artenvielfalt gewährleisten ein biologisches Gleichgewicht im Teich. Seerosen und andere Pflanzen mit dicken Wurzeln sollten samt Pflanztrog in den Teich gesetzt werden. Schilf und Rohrkolben sollten nur in sehr große Teiche gepflanzt werden, da sie sich massenhaft ausbreiten.

Gruppe 5: Ufergestaltung

Das Aussehen eines Teiches wird durch die Ufergestaltung geprägt. Große Steine lockern das Gesamtbild auf. Zur Bepflanzung des Ufers und der näheren Umgebung eignen sich Feuchtigkeit liebende Pflanzen. Bedenkt, dass sie meist hochwüchsig sind. Der Teich sollte von einer Seite zugänglich sein. Amphibien verlassen im Sommer den Teich. Zu ihrem Schutz sollte die Uferzone in eine naturnahe Wiese oder eine Hecke übergehen. Ist genügend Platz verfügbar, so kann der Teichaushub zur Errichtung eines Hügels für Trockenpflanzen und Gewürzkräuter verwendet werden. Auf seiner Südseite lässt sich eine Trockenmauer anlegen.

Alle Gruppen

Nach Abschluss der Vorbereitung wird mit dem Bau des Teiches begonnen. Die Reihenfolge der Arbeitsschritte ergibt sich aus der Anordnung der Abbildungen 1 bis 6. Die praktische Durchführung des Projektes erfordert den Einsatz der ganzen Klasse. Die Leitung und Organisation der Arbeitsschritte übernimmt jeweils die Gruppe, die diesen Bereich vorbereitet hat.

Tiere müssen nicht in den Teich eingesetzt werden. Bereits nach wenigen Tagen können die ersten Wasserläufer auf der Wasseroberfläche beobachtet werden. Vögel, die verschiedene Gewässer anfliegen, bringen in ihrem Gefieder Eier von Wasserinsekten und Planktonorganismen mit. Ist die Umgebung des Schulteiches naturnah, so wandern Kröten, Frösche und Molche ein. Problematisch sind Fische, da ihre Ausscheidungen und Fischfutter zu Überdüngung führen können. Solltet ihr Fische in den Teich setzen, füttert sie deshalb möglichst nicht.

4 Auslegen der Folie; Aufschütten der Sand-Lehmschicht

5 Einleiten von Wasser, dabei Bepflanzung

6 Abdecken der Folie mit Kies und Steinen

Wahlpflichtbereich: Mikrokosmos Wiese

1 Blumenwiese. A Artenvielfalt; **B** Insektenvielfalt auf einer Doldenblüte

1 Wiesenpflanzen im Jahreslauf

Auf einer Wiese liegend in den Himmel schauen – davon träumen manche. Doch eine Wiese ist auch mit Arbeit verbunden. Ohne regelmäßiges Mähen würden sich Büsche und Bäume ansiedeln.

Die Häufigkeit des Mähens, die Jahreszeit, Bodenfeuchte und Mineralstoffgehalt bestimmen das jeweilige Aussehen der Wiese. Betrachten wir Veränderungen einer Wiese im Jahreslauf: Schon im zeitigen Frühjahr bilden Gänseblümchen und Schlüsselblumen ihre Blüten aus. Sie können geschützt in Bodennähe gedeihen. Wenn es Ende April wärmer wird, beginnen auch andere Wiesenpflanzen auszutreiben. Dazu gehören die Gräser und der Löwenzahn. Im Frühsommer folgen Scharfer Hahnenfuß, Wiesen-Bocksbart, Wiesen-Klee, Margeriten, Wiesen-Kerbel und andere. Mitte Juni ist der **erste Hochstand** erreicht. Nun erfolgt der *erste* Schnitt. Das *Mähen* ist ein plötzlicher und tiefer Einschnitt für die meisten Pflanzen der Wiese. Sie werden dabei kurz über dem Boden abgeschnitten. Gänseblümchen oder Löwenzahn werden jedoch kaum geschädigt, weil der Mähbalken über ihre Blattrosetten hinweggeht. Die Schlüsselblume ist schon verblüht und die Blätter sind abgestorben. Aber die übrigen Wiesenpflanzen verlieren ihren Spross mit Blättern und Blüten. Sie können nur überleben, weil sie aus dem Stumpf neu austreiben. Gräsern gelingt das am besten. Die Halme wachsen nicht an der Spitze, sondern am unteren Ende und den Knoten. So macht es ihnen nicht so viel aus, wenn sie abgeschnitten werden. Auch Wiesenklee gelingt das Überleben gut. Etwa Mitte August ist der **zweite Hochstand** erreicht. Wuchshöhe und Farbenvielfalt sind aber nicht mehr so ausgeprägt. Neue Pflanzen wie der Wiesen-Salbei treten in Erscheinung. Die zweite Mahd beendet abrupt auch ihr Wachstum. Bis Oktober erholen sie sich nur wenig. Dann ruht die Wiese den Winter über.

> Wiesen sind von Menschenhand geschaffene Ökosysteme. Boden, Lage und Anzahl der Eingriffe durch Mensch und Weidevieh prägen das Bild einer Wiese.

1 Untersuche den Pflanzenbestand einer Wiese. Wähle dazu einen typischen Ausschnitt (1 m × 1 m). Bestimme die Pflanzenarten. Liste auf und schätze ihr Auftreten ein (selten – oft – sehr häufig).

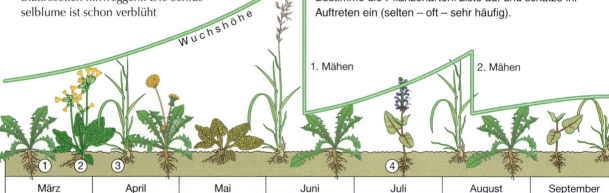

2 Entwicklung von Wiesenpflanzen bei zweimaligem Schnitt innerhalb eines Jahres.
① *Löwenzahn,* ② *Schlüsselblume,* ③ *Gras (Glatthafer),* ④ *Wiesen-Salbei*

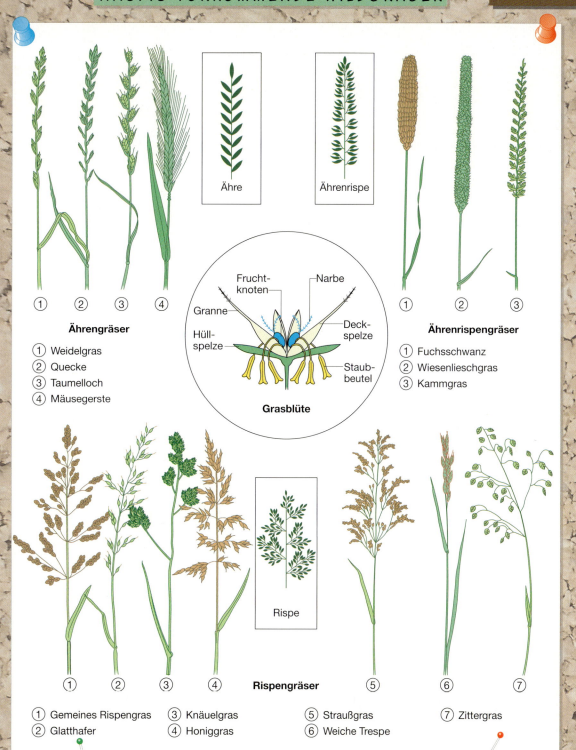

Pinnwand

WIESENPFLANZEN

Wiesenklee

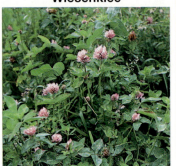

Blütezeit: Juni bis September
Vorkommen: trockene bis mäßig feuchte Wiesen, Wegränder
Besonderheiten: wohlriechende Blüten; wird als eiweißreiche Futterpflanze angebaut

Scharfer Hahnenfuß

Blütezeit: Mai bis September
Vorkommen: mäßig feuchte Wiesen, Weiden, Wegränder
Besonderheiten: frische Pflanzen werden vom Vieh gemieden (giftig), als Heu unschädlich

Wiesenkerbel

Blütezeit: April bis August
Vorkommen: mäßig feuchte Wiesen, Weg- und Heckenränder
Besonderheiten: massenhaft auf mit Jauche gedüngten Wiesen; Blüten in Dolden

Weißklee – eine kriechende Wiesenpflanze

Schnitthöhe

> 1 Nenne zwei Ansprüche der Wiesen-Margerite an ihren Lebensraum.
>
> 2 Warum können auf frisch gemähten Wiesen schon ein paar Tage später wieder Pflanzen blühen? Erkläre anhand des Weißklees.

Wiesenbocksbart

Blütezeit: Mai bis Juli
Vorkommen: mäßig feuchte bis halbtrockene Wiesen, Wegränder
Besonderheiten: Korbblüten nur mit Zungenblüten; Haare der Fruchtknoten ähneln einem Bart (Name)

Wiesen-Margerite

Blütezeit: Mai bis Oktober
Vorkommen: trockene Wiesen, Grasplätze, Wegränder, Abhänge
Besonderheiten: bekannt auch als Wucherblume; Nährsalzarmut begünstigt ihr Auftreten

Wiesenstorchschnabel

Blütezeit: Mai bis August
Vorkommen: Wiesen, Gräben, Wegränder; braucht kalkhaltigen Boden
Besonderheiten: Blüte erst aufrecht, später waagrecht und hängend; Samenverbreitung durch Schleudermechanismus

Wiese

Übung

V1 Wildblumen im Rasen

Material: Samenmischung für eine Wildblumenwiese an sonnigem oder halbschattigem Standort

Durchführung: Du kannst die Samen entweder auf einem ganz unbewachsenem Stück Boden aussäen oder einen Grünrasen damit artenreicher gestalten. Besorge dir die für den Standort geeignete Samenmischung. Achte darauf, dass in der Mischung tatsächlich einheimische Arten wie Ackerveilchen, Echte Kamille, Gemeine Schafgarbe, Klatschmohn und Kornblume enthalten sind. Der richtige Zeitpunkt der Aussaat und andere wichtige Hinweise sind auf der Packung angegeben.

Aufgaben: a) Überlege dir Gründe, weshalb nur einheimische Arten in einer solchen Samenmischung enthalten sein sollten.

b) Eine bunt gefärbte, blühende Wiese sieht sehr viel schöner aus als ein eintöniger, kurz geschnittener Rasen. Nenne weitere Gründe, warum Gartenbesitzer auf Pflanzenvielfalt achten sollten. Denke dabei auch an „Garten besuchende" Insekten.

c) Versuche Pflanzen, die in der Samenmischung enthalten sind, in ihrer natürlichen Umgebung zu finden. Untersuche die Bodenbeschaffenheit. Beschreibe, welchen Standort diese Pflanzen bevorzugen.

V2 Wir legen ein Wildgräser-Herbarium an

Material: blühende Wildgräser; Messer; Plastetüte; Zeitungspapier; Klebestreifen; Schere; festes Zeichenpapier, Größe DIN A4; Klarsichtfolien

Durchführung: Sammle blühende Gräser verschiedener Standorte. Schneide den Halm knapp über dem Boden ab und transportiere die Pflanzen in einer Plastetüte nach Hause. Zum Trocknen breitest du jeweils eine Pflanze auf einer Schicht Zeitungspapier aus und bedeckst sie anschließend wiederum mit Papier. So kann die austretende Feuchtigkeit aufgesaugt werden. Lege dann die „Pflanzenpakete" aufeinander und beschwere den Stapel mit Büchern. Tausche nach zwei Tagen feuchtes Papier gegen trockenes aus. Wiederhole diesen Vorgang so lange, bis die Pflanzen ganz trocken sind.

Du legst die Pflanzen wie abgebildet auf das Zeichenpapier oder Karton. Knicke die langen Halme und befestige die Pflanzen mithilfe schmaler Klebestreifen auf dem Papier. In der rechten unteren Ecke vermerkst du die Grasart, das Sammeldatum, den Fundort und die Bodenbeschaffenheit. Zum besseren Schutz der Pflanzen kannst du die Bögen auch in Klarsichthüllen aufbewahren.

Aufgabe: Lege ein Herbar von Wildgräsern an.

Name:	Wiesen-Rispengras
Familie:	Süßgräser
Fundort:	Friedenspark
Datum:	15.5.2005

Wahlpflichtbereich: Mikrokosmos Wiese

2 Nahrungsbeziehungen zwischen den Lebewesen der Wiese

Setzt man sich an einem warmen Sommertag an den Rand einer Wiese und beobachtet, welche Tiere dort vorkommen, fallen einem vor allem verschiedene Insekten auf. Sie erzeugen ganz unterschiedliche Geräusche. Eine Wiese bietet aber weit mehr Tierarten Unterschlupf. Um festzustellen, in welchen Schichten die verschiedenen Tierarten vorkommen, betrachten wir die Wiese im Querschnitt.

Fluginsekten wie *Bienen* und *Hummeln* werden von den Farben und Düften der **Blütenschicht** angelockt. Bei der Suche nach Nektar fliegen sie von Blüte zu Blüte und bestäuben sie dabei. Manche Wiesenpflanzen sind auf bestimmte Bestäuber angewiesen. So kann zum Beispiel der Rote Wiesenklee nur von Hummeln bestäubt werden. *Schmetterlinge* nutzen den Nektar der Blüten als Nahrung. Sie erreichen ihn mithilfe ihres Saugrüssels. *Schwebfliegen* und einige *Käferarten* ernähren sich von Pollen und werden deshalb als *Pollenfresser* bezeichnet. *Krabbenspinnen* lauern an Blüten gut getarnt auf Insekten, um diese zu fangen und zu vertilgen.

In der **Krautschicht** findet man vor allem Pflanzen fressende und Saft saugende Tiere. Zu ihnen gehören *Heuschrecken*, *Blattläuse*, *Zikaden* und *Blattwanzen*. Es leben dort jedoch auch räuberische Insekten. *Marienkäfer* und deren Larven ernähren sich zum Beispiel von Blattläusen. Daneben lauern hier viele *Spinnen* auf Beute.
In der **Bodenschicht** suchen *Asseln* auf dem Boden Schutz vor Licht und Trockenheit. Sie fressen vor allem abgestorbene Pflanzenteile. *Schnecken* bevorzugen kleinste Pflanzenteile als Nahrung, die sie mithilfe ihrer Raspelzunge von den Pflanzen abschaben. *Laufkäfer* und *Ameisen* dagegen leben räuberisch, indem sie beispielsweise andere Insekten erbeuten.
In der etwa 15 Zentimeter tiefen **Wurzelschicht** lockern *Regenwürmer* den Boden auf und düngen ihn mit ihrem Kot. Sie ernähren sich von abgestorbenen Pflanzen- und Tierresten. *Milben*, mit bloßem Auge

1 Tiere der Wiese. ① *Schwebfliege;* ② *Blutströpfchen;* ③ *Goldlaufkäfer;* ④ *Schnirkelschnecke;* ⑤ *Feldgrille;* ⑥ *Maulwurf;* ⑦ *Regenwurm;* ⑧ *Ameise;* ⑨ *Heupferd;* ⑩ *Blattlaus;* ⑪ *Marienkäfer;* ⑫ *Feldhummel;* ⑬ *Honigbiene;* ⑭ *Maulwurfgrille;* ⑮ *Feldspitzmaus;* ⑯ *Drahtwurm;* ⑰ *Milben;* ⑱ *Schnakenlarve;* ⑲ *Labkrautschwärmer;* ⑳ *Krabbenspinne*

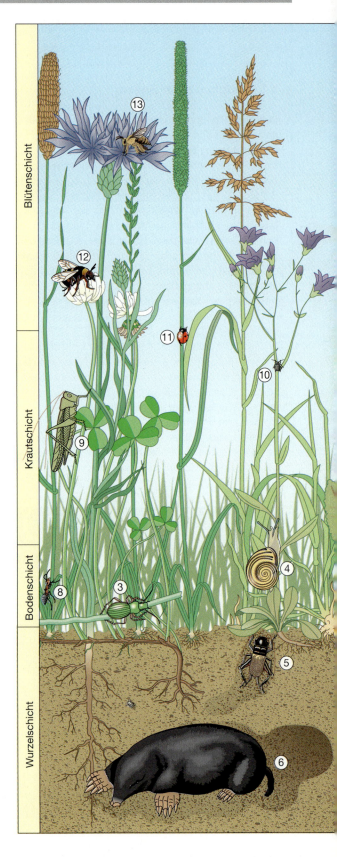

Wahlpflichtbereich: Mikrokosmos Wiese

kaum zu erkennende Spinnentiere, kommen in großer Anzahl vor und verwerten auch kleinste pflanzliche und tierische Reste. Zusammen mit *Drahtwürmern* und *Schnakenlarven* und einer Vielzahl anderer kleinster Organismen wie *Fadenwürmern* und *Bakterien* besiedeln sie die Wurzelschicht der Wiese.

Zu den größeren Tieren in der Wurzelschicht gehören *Maulwurf* und *Feldmaus*. Der Maulwurf vertilgt große Mengen an Regenwürmern, Insektenlarven und Schnecken. Feldmäuse ernähren sich ebenfalls von Insekten, fressen jedoch vor allem Pflanzenteile und Samen. Dadurch können sie auf Feldern großen Schaden anrichten, wenn sie die Wurzeln von Kulturpflanzen abnagen. Im oberirdischen Bereich kommen nur wenig größere Tierarten vor. *Feldhasen* finden dort abwechslungsreiche Pflanzennahrung. *Füchse* spüren hier Mäuse auf. Sie fressen aber auch Regenwürmer. *Kiebitz* und *Feldlerche* brüten in flachen Erdmulden. Sie sind gut getarnt und werden deshalb beim Brüten nicht auf Anhieb von ihren Feinden entdeckt.

Alle Tiere der Wiese stehen untereinander in enger Beziehung. Umfangreiche **Nahrungsketten** sind in diesem Lebensraum zu einem komplizierten **Nahrungsnetz** verknüpft. Pflanzen bilden die Grundlage dieses Nahrungsnetzes. Sie dienen Pflanzenfressern als Nahrung, die ihrerseits wieder von Fleischfressern erbeutet werden.
Wird die Wiese gemäht, verändert sich schlagartig der gesamte Lebensraum. Die Pflanzen, die Lebensraum und Nahrung gleichzeitig waren, verschwinden. Damit werden auch die Nahrungsketten und -netze unterbrochen. Viele Tiere überstehen diesen Zustand nur dann, wenn sie auf benachbarte Wiesen, Wegränder oder Böschungen ausweichen können.
Große Säugetiere wie *Igel*, *Wiesel*, *Fuchs* und *Reh* nutzen die Wiese gewöhnlich nur als Nahrungsraum.

> Eine Wiese setzt sich aus Blütenschicht, Krautschicht, Bodenschicht und Wurzelschicht zusammen. Jede Schicht wird von bestimmten Tierarten bevorzugt bewohnt. Die Tiere der Wiese stehen untereinander über Nahrungsnetze in vielfältigen Beziehungen.

1 Zeichne ein Nahrungsnetz, das die Lebewesen aus Abbildung 1 berücksichtigt.
2 Erarbeite einen Vorschlag für ein Wiesenschutzprogramm.
3 Erläutere am Beispiel der Blütenschicht das Erschließungsfeld „Wechselwirkung".

Zusammenhänge im Ökosystem

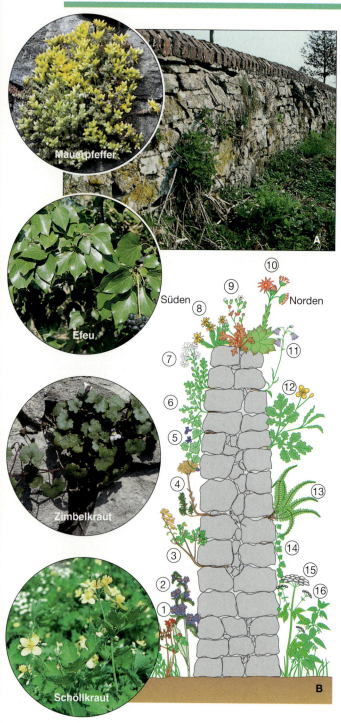

3 Zusammenwirken von abiotischen Umweltfaktoren

Eine Trockenmauer ist ein karger, aber dennoch von verschiedenen Pflanzen und Tieren besiedelter Lebensraum. Auf der Mauerkrone findet man oft den Mauerpfeffer, am Fuß der Mauer den Efeu. Die Südseite der Mauer wird vom Zimbelkraut bevorzugt, die Nordseite vom Schöllkraut. Wie kommt es zu dieser Verteilung?

Misst man an einer in Ost-West-Richtung verlaufenden Trockenmauer verschiedene **abiotische Faktoren** wie die *Temperatur*, die *Luftfeuchtigkeit* und die *Lichtstärke*, kann man deutliche Unterschiede feststellen. So ist die Luftfeuchtigkeit am Mauerfuß höher als über der Mauerkrone. Die Lichtstärke und die Temperatur sind an der sonnenbestrahlten Südseite der Mauerkrone am höchsten. Auch der Einfluss des Windes ist auf der Mauerkrone viel stärker als am Mauerfuß. Aufgrund des Zusammenwirkens von abiotischen Umwelteinflüssen entstehen auf engstem Raum ganz unterschiedliche Lebensbedingungen.

Der Mauerpfeffer verdunstet über seine kleinen Blätter nur wenig Wasser. Außerdem speichert er in den fleischigen Blättchen Wasser. Deshalb kann der Mauerpfeffer mit sehr wenig Wasser auskommen und länger anhaltende Trockenheit und starke Sonnenbestrahlung ertragen. Der natürliche Lebensraum dieser und aller anderen typischen Mauerpflanzen sind nämlich Felsspalten. Die Angepasstheiten im Bau der Blätter ermöglichen zum Beispiel dem Mauerpfeffer das Überleben in diesem speziellen Lebensraum.

Der Efeu besiedelt dagegen den unteren Teil der Mauer. Man findet ihn aber nicht nur an Trockenmauern, sondern weit verbreitet in Wäldern, an Baumstämmen und am Fuß von Felsen. Er ist nicht im gleichen Maß wie der Mauerpfeffer an bestimmte Lebensbedingungen gebunden, sondern hat einen breiteren *Toleranzbereich*.

Zur Bestimmung des Toleranzbereiches einer Pflanzenart kann man im Laborexperiment den Einfluss eines bestimmten ökologischen Faktors verändern, während alle anderen Faktoren gleich bleiben. So kann man den Einfluss der Temperatur, der Feuchtigkeit des Bodens, der Konzentration bestimmter Nährsalze im Boden, aber auch von Schadstoffen in Luft und Wasser, auf das Gedeihen der Pflanzen bestimmen. Dabei ist im Erbgut der Pflanzen die Reaktionsfähigkeit auf bestimmte Umweltfaktoren jeweils genetisch festgelegt. Man spricht von der **ökologischen Potenz** einer Art.

1 Trockenmauer. A Ansicht einer Trockenmauer; **B** Schema einer Trockenmauer mit einer Auswahl typischer Pflanzen: ① Reiherschnabel; ② Natternkopf; ③ Gelber Lerchensporn; ④ Felsen-Fetthenne; ⑤ Zimbelkraut; ⑥ Mauerraute; ⑦ Weiße Fetthenne; ⑧ Scharfer Mauerpfeffer; ⑨ Dreifinger-Steinbrech; ⑩ Hauswurz; ⑪ Rundblättrige Glockenblume; ⑫ Schöllkraut; ⑬ Braunstieliger Streifenfarn; ⑭ Efeu; ⑮ Giersch; ⑯ Große Brennnessel

Zusammenhänge im Ökosystem

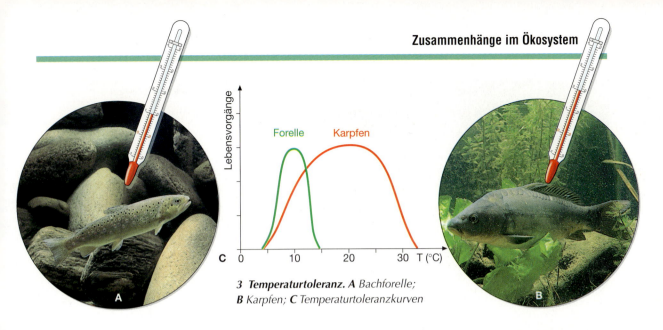

3 Temperaturtoleranz. A Bachforelle; **B** Karpfen; **C** Temperaturtoleranzkurven

Die Bachforelle kann nur in dem kalten, schnell fließenden, sauerstoffreichen und sauberen Wasser eines Quellbaches leben. Der Toleranzbereich für die Temperatur ist bei der Bachforelle sehr eng; sie wird als *stenotherm* bezeichnet. Im Gegensatz dazu lebt der Karpfen in Teichen, Seen und langsam fließenden Flüssen bei ganz unterschiedlicher Wassertemperatur. Deshalb hat der Karpfen in Bezug auf die Wassertemperatur einen sehr breiten Toleranzbereich und wird als *eurytherm* bezeichnet. Andererseits ist der Karpfen sehr empfindlich gegenüber Salz im Wasser. Bereits bei einer Salzkonzentration von mehr als 0,001 % kann er nicht mehr leben, während z. B. die Scholle den 75-fachen Wert dieser Salzkonzentration ertragen kann. Die Scholle zeigt einen weiten Toleranzbereich für den Salzgehalt. Deshalb kann sie sowohl im Meer als auch im Brackwasser, d. h. im Mündungsbereich der Flüsse, leben.

Diese Beispiele zeigen, dass im Freiland, also unter natürlichen Bedingungen, das Vorkommen einer Art nicht durch einen bestimmten ökologischen Faktor allein begrenzt wird. Es wirken immer mehrere Umweltfaktoren zusammen und legen fest, ob die Organismen unter diesen bestimmten Lebensbedingungen existieren können. Organismen, die vielen ökologischen Faktoren gegenüber eine große Toleranz aufweisen, werden als **euryök** bezeichnet. Entsprechend nennt man Arten mit geringer Reaktionsbreite **stenök**.

Die Artenvielfalt und die Häufigkeit der Individuen einer Art, z. B. in einem Bergwald, in einem Fluss oder auch nur in einer Hecke am Rande eines Schulgeländes, wird demnach durch das Zusammenwirken mehrerer Umweltfaktoren bestimmt. Nach dem **Wirkungsgesetz der Umweltfaktoren** wird das Vorkommen und die Häufigkeit einer Art von dem Faktor bestimmt, der am weitesten vom Optimum entfernt ist. Organismen mit hoher Toleranz gegenüber den meisten ökologischen Faktoren sind deshalb weit verbreitet und kommen oft in großen Mengen vor. Andererseits sind Arten mit geringer Toleranz gegenüber Umweltfaktoren meist nur in speziellen Lebensräumen überlebensfähig und haben nur kleine Verbreitungsgebiete.

> Vorkommen und Häufigkeit von Pflanzen und Tieren wird durch das Zusammenwirken von Umweltfaktoren beeinflusst. Euryöke Arten sind im Gegensatz zu stenöken Arten weit verbreitet.

1 Erläutere die Abbildung 4A. Setze sie in Beziehung zu Abbildung 3. Nutze das Erschließungsfeld „Angepasstheit".

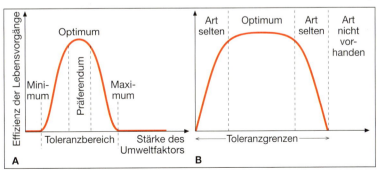

4 Toleranzkurven. A Allgemeines Schema zur Wirkung von Umweltfaktoren; **B** Einfluss auf die geografische Verbreitung

Zusammenhänge im Ökosystem

1 Laubwald im Frühjahrsaspekt

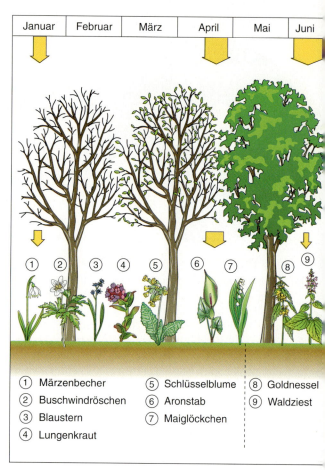

2 Lichtverhältnisse in einem Laubwald im Jahresverlauf (Schema)

① Märzenbecher ⑤ Schlüsselblume ⑧ Goldnessel
② Buschwindröschen ⑥ Aronstab ⑨ Waldziest
③ Blaustern ⑦ Maiglöckchen
④ Lungenkraut

4 Licht als abiotischer Faktor

4.1 Licht- und Schattenpflanzen

Ein Frühjahrsfoto vom Laubwald zeigt ein vielfältiges Pflanzenkleid. Bei Fichten- und Kiefernmonokulturen sieht es dagegen viel eintöniger aus. Alle diese heimischen Wälder sind vom Menschen geprägte Wirtschaftswälder. Die Lebensgemeinschaften eines Laubwaldes haben sich jedoch weitgehend natürlich erhalten. Man bezeichnet solche Wälder als **naturnahe** Ökosysteme. Hier wachsen mehrere Baum- und Straucharten verschiedener Altersstufen nebeneinander. In der Krautschicht finden über 60 verschiedene Pflanzenarten einen Lebensraum.

Besonders eindrucksvoll ist der Laubwald zu Beginn des Frühjahrs. Jetzt ist der Waldboden von einem bunten Blütenteppich überzogen. Man findet weiß blühende *Märzenbecher* und *Buschwindröschen*, *Gelbe Windröschen* und *Scharbockskraut*. Daneben blühen *Blaustern* und *Lungenkraut*. In sehr artenreichen Laubwäldern wachsen auch *Aronstab* und *Schlüsselblume*, die unter Naturschutz stehen.

Wie gelingt es diesen Pflanzen, so kurz nach dem Winter auszutreiben und zu blühen? Die Sonne dringt in dieser Jahreszeit bis auf den Waldboden vor und erwärmt ihn. Die notwendigen Nährstoffe erhalten die Pflanzen aus besonderen *Speicherorganen*. Das Buschwindröschen hat zum Beispiel einen Erdspross. Märzenbecher und Blaustern besitzen Zwiebeln und das Scharbockskraut Wurzelknollen. Die Nährstoff-

reserven haben die Pflanzen bereits im vergangenen Frühjahr angelegt. Sie haben einen Vorsprung gegenüber anderen Pflanzen und können schon ab März austreiben und blühen. Als **Frühblüher** sind sie an die günstigen Lichtverhältnisse der Laubwälder im Frühjahr angepasst. Man nennt dieses Erscheinungsbild des Waldes auch **Frühjahrsaspekt**.

Im April beginnen Bäume und Sträucher auszutreiben. Während im März noch etwa 50 Prozent des Lichtes die Krautschicht erreicht, sind es im April nur noch circa 30 Prozent. Im Mai sind die Bäume dann vollständig belaubt. Eine Lichtmessung in der Krautschicht zeigt, dass nur noch etwa fünf Prozent Licht bis zum Boden durchdringt. Das Bild der Bodenvegetation ändert sich in diesen Monaten stark. Die Frühblüher haben Früchte gebildet. Bei vielen sterben die letzten oberirdischen Pflanzenteile ab. Die Speicherorgane ruhen bis zum nächsten Frühjahr im Boden.

Jetzt wachsen und blühen Pflanzen in der Krautschicht, die an schattige Verhältnisse angepasst sind. Zu diesen **Schattenpflanzen** gehören *Goldnessel*, *Waldziest*,

Zusammenhänge im Ökosystem

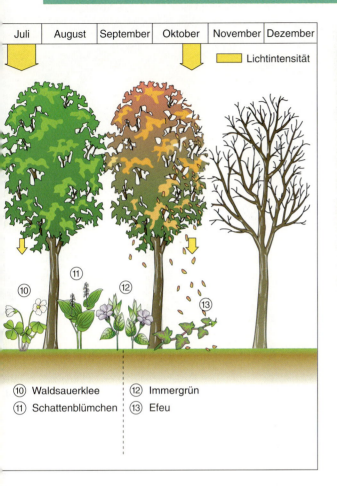

⑩ Waldsauerklee
⑪ Schattenblümchen
⑫ Immergrün
⑬ Efeu

3 Laubwald im Sommeraspekt

blühen. Zu diesen **immergrünen Gewächsen** gehört der *Efeu*, dessen Blätter das ganze Jahr über grün sind. Er blüht im Oktober und fruchtet im November. Auch *Haselwurz* und *Immergrün* sind solche Gewächse. Sie haben derbe, lederartige Blätter und können so den Winter überdauern und das Licht im Frühjahr und im Herbst voll nutzen. Bei günstigen Temperaturen blüht das Immergrün im Herbst sogar zum zweiten Mal. Die oberirdischen Sprossteile der Sommerblüher sterben dagegen im Herbst ab.

Für die Bäume gibt es auch im Winter keine vollständige Ruhephase. Ab November kommt es bei Temperaturen über 0 °C zu einem verstärkten Wurzelwachstum. Möglich wird dies durch ein Zusammenleben der Baumwurzeln mit Pilzhyphen.

Waldsauerklee und *Schattenblume*. Auch Moose, Farne und einige Gräser kommen mit diesen Bedingungen gut zurecht. Sie erreichen schon bei relativ geringen Lichtmengen ihr optimales Pflanzenwachstum. Viele Schattenpflanzen haben große Blätter, damit sie viel vom Restlicht einfangen können. Außerdem sind die Blätter relativ dünn, da das Sonnenlicht sonst nicht in tiefere Schichten eindringen könnte. Die Blätter der Schattenpflanzen sind durch den hohen Chlorophyllgehalt häufig dunkelgrün gefärbt. Eine weitere Anpassung an die geringe Lichtmenge am Waldboden ist die Anordnung der Blätter. Sie bilden ein *Blattmosaik*, sodass sie sich nicht gegenseitig bedecken. Man fasst alle diese Anpassungen der Bodenvegetation an den Lichtmangel als **Sommeraspekt** zusammen.

Im Herbst verfärbt sich das Laub der Bäume und Sträucher. Bei einer Rotbuche beginnt der Laubfall im September in den äußeren Kronenbereichen. Nun dringt wieder mehr Sonnenlicht auf den Waldboden. Viele Sommerblüher fruchten jetzt.

Es gibt auch einige wenige Pflanzen, die im Herbst

> In einem Laubwald herrschen je nach Jahreszeit unterschiedliche Lichtverhältnisse. Sie bestimmen Wachstum und Blütezeit von Pflanzen der Krautschicht. So tritt im Frühjahr der Frühjahrsaspekt mit vielen Frühblühern auf. Beim Sommeraspekt überwiegen dagegen die Schattenpflanzen.

1 Erkläre, wie sich die Lichtverhältnisse am Boden eines Laubwaldes im Jahresverlauf ändern.
2 Nenne Beispiele für Frühblüher im Laubwald und beschreibe ihre Anpassungen.
3 Nenne Beispiele für Schattenpflanzen. Erläutere Anpassungen an die Lichtverhältnisse.
4 Bei Fichten- und Kiefernwäldern gibt es keinen Frühjahrs- und Sommeraspekt. Erkläre.

1 Lichtblatt. A Aussehen; B mikroskopischer Querschnitt

2 Schattenblatt. A Aussehen; B mikroskopischer Querschnitt

4.2 Licht- und Schattenblätter

Rotbuchen gehören zu den Schattengehölzen. Sie wachsen sogar an Standorten, die nur ein bis zwei Prozent der Lichtmenge erhalten, die Bäume auf dem freien Feld bekommen. Buchen können deshalb auch in dichten Beständen gut gedeihen.

Die Buche bildet eine kräftige, stark belaubte Krone aus. Innerhalb der Baumkrone herrschen ganz unterschiedliche *Lichtverhältnisse*. An die Blätter am Rand gelangt mehr Sonnenlicht als an die Blätter im Kroneninneren. Die Anpassung an diese Lichtverhältnisse zeigt die unterschiedliche Gestalt der Blätter. Die äußeren **Lichtblätter** sind klein und dick. Der mikroskopische Blattquerschnitt verrät weitere Besonderheiten. Sie besitzen zum Beispiel eine dicke Kutikula. Ihr Palisadengewebe ist mehrschichtig. Auch das Schwammgewebe ist stark ausgebildet.

Durch die intensive Sonneneinstrahlung kann das Licht bis in die tieferen Gewebeschichten vordringen. Der Wassergehalt eines Lichtblattes liegt bei etwa 85 Prozent. Bei einer bestimmten Lichtintensität produziert die Pflanze mehr organische Stoffe als sie selbst für ihre Lebensprozesse benötigt. Sie erzielt einen Stoffgewinn. Diesen Punkt erreicht ein Lichtblatt bei etwa 1000 Lux.

Schattenblätter kommen dagegen mit viel weniger Licht aus. Sie sind größer und dünner als Lichtblätter. Das einschichtige Palisadengewebe trägt eine Epidermis mit dünner Kutikula. Der Wassergehalt beträgt über 90 Prozent. Die Fotosyntheseleistung ist geringer als bei Lichtblättern. Ein Stoffgewinn wird schon bei einer Lichteinstrahlung von 350 Lux erreicht.

> Eine Buche bildet Licht- und Schattenblätter aus. Diese unterscheiden sich in ihrem äußeren und inneren Bau voneinander.

1 Vergleiche Licht- und Schattenblatt einer Buche miteinander. Lege dazu eine Tabelle an.

Zusammenhänge im Ökosystem

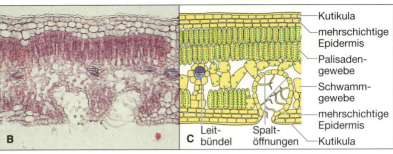

1 Oleander. A blühende Pflanze; **B** Blattquerschnitt (LM-Bild); **C** Schema

4.3 Pflanzen sind an den Wasserfaktor angepasst

Der Oleander ist bei uns eine beliebte Kübelpflanze. Seine Heimat hat er im Mittelmeergebiet, wo es im Sommer oft lange Trockenperioden gibt. Pflanzen, die an trockenen Standorten wachsen, müssen in Bau und Lebensweise daran angepasst sein. Man nennt sie **Trockenpflanzen** oder **Xerophyten.** Der Oleander hat schmale, feste Blätter. Ein Blattquerschnitt ermöglicht einen Einblick in den Bau des Blattes. Die Kutikula ist verdickt. Die Epidermis besteht aus mehreren Zellschichten, nur an den Einstülpungen an der Unterseite ist sie einschichtig. Auch an der Unterseite befindet sich Palisadengewebe. Spaltöffnungen liegen nur in den mit toten Haaren ausgekleideten unterseitigen Blatthöhlen. In diesen „windstillen Räumen" ist die Luftbewegung herabgesetzt. Bei manchen Pflanzen trockener Standorte wie z. B. bei der Königskerze schützt dichte Behaarung vor zu starker Verdunstung. Beim Heidekraut dagegen ist die Verdunstung durch die Reduktion der Blattfläche herabgesetzt.

Eine andere Gruppe von Pflanzen trockener Standorte speichert in Regenzeiten aufgenommenes Wasser in besonderen Wassergeweben. Die betreffenden Pflanzenteile sind fleischig verdickt. Solche Pflanzen heißen **Sukkulenten.** Bei den *Blattsukkulenten* wie den Fetthennen- und Hauswurzarten sowie bei Agave und Aloe sind die Blätter fleischig verdickt. *Stammsukkulenten* wie die Kakteen speichern Wasser in der Sprossachse.

In Gewächshäusern sieht man manchmal die krautige Ruellia, eine tropische Schattenpflanze aus Brasilien. Sie zeigt Merkmale von Pflanzen, die in stets feuchter Umgebung wachsen: eine dünne, zarte Blattfläche mit dünner Epidermisaußenwand und Kutikula, Haare aus lebenden Zellen, über die Blattfläche herausgehobene Spaltöffnungen. Diese Einrichtungen fördern die Transpiration. Solche Pflanzen nennt man **Feuchtpflanzen** oder **Hygrophyten.**

Pflanzen mäßig-feuchter Standorte, die **Mesophyten,** nehmen eine Mittelstellung zwischen Trocken- und Feuchtpflanzen ein. Zu ihnen gehören viele unserer Kulturpflanzen und die Laubbäume.

> Trockenpflanzen sind durch transpirationshemmende, Feuchtpflanzen durch transpirationsfördernde Baueigentümlichkeiten an ihre Standorte angepasst. Sukkulenten speichern Wasser in besonderen Wassergeweben.

1 Nenne jeweils drei heimische Xerophyten, Hygrophyten und Mesophyten.

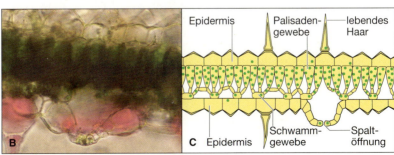

2 Ruellia. A blühende Pflanze; **B** Blattquerschnitt (LM-Bild); **C** Schema

5 Zeigerpflanzen geben Hinweise auf den Standort

Im Auenwald finden wir viele für den Standort typische Pflanzen. An Gräben und Tümpeln wachsen zum Beispiel **Feuchtezeiger** wie *Schwarz-Erle, Grau-Erle* und *Flatterulme*. Auch *Sumpfsternmiere, Bitteres Schaumkraut* und *Bärlauch* zeigen einen feuchten Boden an.

Auenwälder haben einen hohen Grundwasserstand. Von Zeit zu Zeit werden sie vom Frühjahrshochwasser überschwemmt. Dabei erhält der Boden durch Schlammablagerungen neue Nährstoffe. Unter den abgelagerten Bodenschichten befinden sich kalkreiche Sedimente. Sie haben einen leicht basischen pH-Wert. Hier siedeln **Kalkzeiger** wie *Türkenbundlilie* und *Salomonssiegel*.

In Randbereichen und an Wegen sieht man in Auenwäldern häufig *Schwarzen Holunder* und *Zaungiersch*. Sie sind **Stickstoffzeiger** und weisen auf einen hohen Nitratgehalt im Boden hin.

Für Pflanzen spielen demnach die abiotischen Faktoren wie Wasser, Licht, Temperatur und Bodenbeschaffenheit eine große Rolle. Besonders die chemischen Eigenschaften des Bodens wie pH-Wert, Stickstoff- und Salzgehalt bestimmen das Bild der Vegetation. So findet man zum Beispiel auf nährsalzreichen, lehmigen Böden einen artenreichen Auenwald. Die Pflanzenarten, die hier gedeihen, besitzen unterschiedliche ökologische Potenzen. Manche Arten haben einen sehr engen *Toleranzbereich* für einen bestimmten Umweltfaktor. Ihr Vorkommen weist deshalb auf charakteristische Standortbedingungen hin. Man kann sie als **Zeigerpflanzen** nutzen. Die Türkenbundlilie ist zum Beispiel eine Zeigerpflanze für basische Böden.

Ganz anders als in einem Auenwald sieht es dagegen in einem lichten Kiefernwald aus. Hier findet man Zeigerpflanzen, die Licht, Trockenheit und kalkarme, saure Böden anzeigen.

> Zeigerpflanzen haben einen sehr engen Toleranzbereich für einen bestimmten Umweltfaktor. Ihr Vorkommen lässt auf bestimmte Umweltbedingungen wie Lichtangebot, Feuchtigkeit und Bodeneigenschaften schließen.

1 Stelle in einer Tabelle verschiedene Zeigerpflanzen zusammen. Nutze dazu auch die Pinnwand Seite 121.

1 Zeigerpflanzen im Auenwald. **A** *Türkenbundlilie;* **B** *Bitteres Schaumkraut;* **C** *Schwarzer Holunder*

ZEIGERPFLANZEN

Zusammenhänge im Ökosystem

6 Tiere und Temperatur

Im antarktischen Winter, bei Temperaturen von unter minus 40 °C, brüten die Pinguine. Diese sind wie alle Vögel und Säuger **gleichwarme Tiere**, d. h. sie können ihre Körpertemperatur unabhängig von der Außentemperatur konstant halten. Das Daunengefieder unter den Deckfedern ergibt zusammen mit einer dicken Fettschicht im Unterhautbindegewebe eine gute Wärmeisolierung und verhindert einen zu großen Wärmeverlust. Die Beine der Pinguine haben dagegen keine Isolierung, obwohl die Haut der Fußunterseite direkt mit dem Eis in Berührung kommt. Trotzdem wird eine zu hohe Wärmeabgabe und damit die Gefahr des Auskühlens des Tieres verhindert. Der Grund dafür ist der enge Kontakt von Beinarterien und daran anliegenden Venen. Im Blut dieser gegenläufigen Blutgefäße erfolgt ein *Wärmeaustausch* nach dem *Gegenstromprinzip*. Die Füße der Tiere werden so entsprechend dem kalten Untergrund auf nahe 0 °C abgekühlt. Dieser Mechanismus verhindert auch das Erfrieren der Füße auf der eisigen Unterlage.

Bei körperlicher Anstrengung wird durch erhöhte Stoffwechseltätigkeit überschüssige Wärme produziert, was zu einem *Hitzeschock* führen könnte. Deshalb wird nun das Blut durch nahe der Hautoberfläche liegende Venen geführt und die Wärmeenergie nach außen abgegeben. Der Lebensraum der Pinguine reicht von der Antarktis bis zu den Galapagosinseln Südamerikas, die auf der geografischen Breite des Äquators liegen. Je kälter der Lebensraum, desto größer sind die Pinguinarten. Nehmen Tiere an Größe zu, so wächst ihr Körpervolumen in der dritten Potenz. Die Körperoberfläche nimmt dagegen nur in der zweiten Potenz zu. So besitzen größere Tiere im Verhältnis zu ihrem Körpervolumen eine relativ kleinere Oberfläche als kleinere Tiere. Große Pinguinarten geben daher auch relativ weniger Wärme nach außen ab als kleinere Pinguinarten. Deshalb findet man den großen Kaiserpinguin in der Antarktis, den kleinen Galapagospinguin dagegen auf der Höhe des Äquators. Dieser Zusammenhang zwischen Körperproportionen und geografischer Verbreitung einer Tierart wird als **BERGMANNsche Regel** bezeichnet.

Um den Energiestoffwechsel aufrecht zu erhalten, benötigen größere Tierarten auch relativ weniger Nahrung als kleinere Arten der gleichen Gattung. Ein extremes Beispiel bei den Säugetieren ist die Zwergspitzmaus. Mit einem Körpergewicht von nur drei bis vier Gramm und einer Körperlänge von etwa 5 cm benötigt sie täglich das doppelte bis dreifache Gewicht an Insektennahrung als die etwa 7 bis 9 cm große Feldspitzmaus.

1877 stellte der Amerikaner ALLEN fest, dass Körperanhänge wie die Ohren oder der Schwanz bei Tierarten der Kältezonen kleiner sind als bei deren Verwandten in wärmeren Klimagebieten. Dies wird als **ALLENsche Regel** bezeichnet. Aufgrund ihrer geringeren Gewebedicke kühlen diese Körperteile besonders rasch aus und es ginge hierdurch z. B. beim Polarfuchs viel Wärmeenergie verloren. Der Wüstenfuchs Fennek nutzt dagegen seine großflächigen Ohren als Überhitzungsschutz, d. h. zur Wärmeabgabe. Einer zu starken Erwärmung des Körpers begegnen gleichwarme Tiere mit *Schwitzen* oder *Hecheln*. Dabei entsteht auf der Haut Verdunstungskälte, welche das durch die erweiterten Hautgefäße fließende Blut kühlt.

1 Pinguin. *A* Körpertemperatur in Ruhe; *B* Wärmeaustausch in Ruhe; *C* Wärmeabgabe nach starker Bewegung

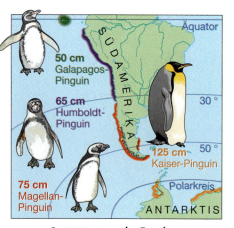

2 BERGMANNsche Regel

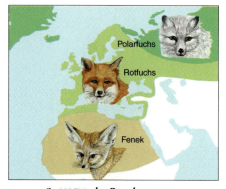

3 ALLENsche Regel

Zusammenhänge im Ökosystem

Das Ernährungsproblem im Winter lösen manche Säuger wie der Dachs und einige Vögel wie der Auerhahn mit einer zeitweiligen **Winterruhe**. Sie bewegen sich dann kaum und fressen nichts. Andere Säuger halten einen **Winterschlaf** wie das Murmeltier oder die Fledermaus.

In dieser Zeit leben sie von den im Sommer aufgebauten Fettreserven des Körpers. Der Stoffwechsel kann dabei auf zehn bis zwei Prozent reduziert werden. Entsprechend stark sinken auch die Atem- und die Herzfrequenz. Die Körpertemperatur kann von 37 °C auf einen Wert von etwa 2 bis 3 °C herabgeregelt werden. Sinkt die Außentemperatur zu stark, erwachen die Winterschläfer, erzeugen durch *Muskelzittern* Wärme und heizen so ihren Körper auf.

Alle **wechselwarmen Tiere** wie Reptilien, Amphibien, Fische und die Wirbellosen können ihre Körpertemperatur nicht konstant halten. Wenn die Umgebungstemperatur sinkt, so nimmt auch die Körpertemperatur ab. Dadurch verlangsamen sich die Stoffwechselvorgänge und die Aktivität der Tiere wird geringer. Viele wechselwarme Tiere fallen deshalb im Winter in eine **Kältestarre**.

Eine Temperaturorgel ist ein Gerät mit unterschiedlich warmen Zonen. Bringt man Hausgrillen oder Küchenschaben in eine solche Versuchsapparatur, so finden sich die meisten Tiere in dem Bereich ein, der ihnen am besten zusagt, dem **Temperaturoptimum**. Dieser Temperaturbereich ist für jede Art charakteristisch, also *artspezifisch*.

Das *Minimum* und *Maximum* kennzeichnen die für jede Tierart geltenden Grenzwerte aktiven Lebens. Außerhalb dieser Temperaturwerte würden die Tiere in Kälte- oder Hitzstarre fallen und letztlich den *Kälte-* oder *Hitzetod* sterben. Die Verteilung der Individuen entsprechend der Temperatur wird durch eine Kurve wiedergegeben, die man als **Toleranzkurve** bezeichnet.

Insektenarten, die gegen Kälte sehr widerstandsfähig sind, überwintern, indem sie ihre Blutflüssigkeit mit bestimmten Stoffen anreichern und damit den Gefrierpunkt herabsetzen. Kommt es zur Bildung von Eiskristallen in den Zellen, tritt der Kältetod ein. Werden in heißen Gebieten die Tiere durch intensive Sonneneinstrahlung auf über 42 bis 45 °C erwärmt, sterben sie meist den Hitzetod. Wechselwarmen Tieren bleiben also die klimatischen Extremzonen der Erde als Lebensräume weitgehend verschlossen.

> Gleichwarme und wechselwarme Tiere sind durch unterschiedliche Mechanismen an Kälte und Hitze angepasst. Tiere einer Art verteilen sich in ihrem Lebensraum entsprechend der Toleranzkurve.

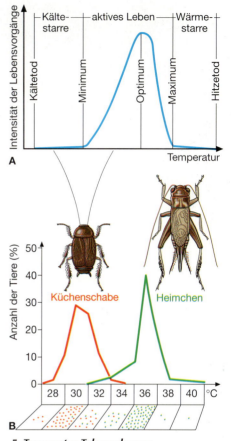

5 Temperatur-Toleranzkurven.
A Schema; **B** Temperaturorgel

1 Erläutere, weshalb eine nur 22,5 g schwere Haselmaus beim Winterschlaf 40 ml Sauerstoff pro kg/Std verbraucht, ein 2670 g schweres Murmeltier unter gleichen Bedingungen aber nur 18,2 ml.

2 Werden Tiere im Winterschlaf mehrmals gestört, so kann dies ihren Tod bedeuten. Erläutere.

Sommer		Winter
1868 g	Körpermasse	2670 g
10 °C	Umgebungstemperatur (Bau)	2 °C
80	Herzschläge/Minute	5
30	Atemzüge/Minute	0,2
211,2	O₂-Verbrauch (ml/kg/Std)	18,2
B 8,8	Energieverbrauch (kJ/kg/Std)	0,35

4 Alpenmurmeltier. A im Sommer; **B** Tabelle; **C** im Winterschlaf

Zusammenhänge im Ökosystem

1 Habicht. A Erwachsenes Weibchen; **B** Beutetiere

3 Sperber. A Erwachsenes Weibchen; **B** Beutetiere

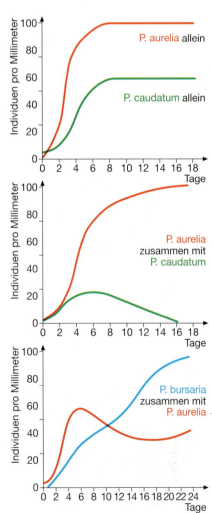

2 Konkurrenz zwischen Paramecium-Arten

7 Biotische Faktoren

Habicht und Sperber sind so ähnlich, dass der Sperber auch als „kleiner Habicht" bezeichnet wird. Beide jagen auch auf die gleiche Weise. Sie verfolgen oft ihre Beute, meist Vögel, im Unterholz von Wäldern und ergreifen sie im Flug mit den Krallen. Unterschiedlich ist jedoch ihre Körpergröße und die Größe der Beutetiere. Der größere Habicht verfolgt z. B. Tauben und Hühnervögel, der kleinere Sperber dagegen Singvögel. Die Körpergröße ist ein erblich festgelegter Artunterschied und ist eine Angepasstheit an die jeweiligen Beutetiere. Solche Artunterschiede werden als **Biodiversität** bezeichnet. Dieser Begriff bezieht sich nicht nur auf die Artunterschiede in den Erbanlagen, sondern auch auf die Unterschiede im Erscheinungsbild, in der Lebensweise und in der Nutzung des Lebensraums.

Durch die Ausnutzung eines unterschiedlichen Nahrungsangebots ist es Habicht und Sperber möglich, den gleichen Lebensraum auf verschiedene Weise zu nutzen. Sie besetzen verschiedene **ökologische Nischen.** Mit diesem Begriff bezeichnet man die Gesamtheit aller abiotischen und biotischen Umweltfaktoren, die für die Existenz einer bestimmten Art wichtig sind. Inwieweit können Laborversuche solche im Freiland gemachten Beobachtungen bestätigen?
Die beiden Pantoffeltierchenarten Paramecium aurelia und Paramecium caudatum haben fast die gleichen Umweltansprüche. In der aus Bakterien bestehenden Kahmhaut auf der Wasseroberfläche eines Heuaufgusses finden sie genügend Nahrung und können sich schnell vermehren. In getrennten Kulturgefäßen zeigt sich, dass sich Paramecium aurelia etwas schneller vermehrt als Paramecium caudatum. Werden beide Arten gemeinsam in einem Kulturgefäß gehalten, wird Paramecium caudatum durch Paramecium aurelia verdrängt.
Beide Arten besetzen die gleiche ökologische Nische und können deshalb nicht nebeneinander überleben. Man spricht hier von einem **Konkurrenzausschluss.** In einem Kulturgefäß mit Paramecium aurelia und Paramecium bursaria ergibt sich jedoch, dass diese beiden Arten nebeneinander existieren können. Paramecium bursaria kann aufgrund einer Symbiose mit einzelligen Grünalgen in sauerstoffärmeren Bereichen der Kahmhaut überleben, während Paramecium

Zusammenhänge im Ökosystem

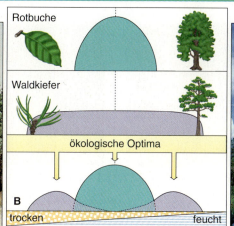

4 Physiologisches und ökologisches Optimum. A *Waldkiefer auf trockenem Boden (Sand);* **B** *Verdrängung der Waldkiefer durch die Rotbuche im mittleren Feuchtebereich;* **C** *Waldkiefer auf feuchtem Boden (Moor)*

caudatum die obere, sauerstoffreichere Schicht besetzt. Durch die Besetzung unterschiedlicher ökologischer Nischen wird demnach eine **Konkurrenzvermeidung** erzielt.

Auch bei Pflanzen kann man entsprechende Beobachtungen machen. So gilt die Waldkiefer als typischer Baum für sehr trockene Böden wie beispielsweise Sand. Mit ihrer langen Pfahlwurzel kann sie mehrere Meter tief bis zum Grundwasser vordringen. Jedoch findet man Waldkiefern auch auf sehr feuchten Böden. Sie hat also eine große Toleranzbreite in Bezug auf die Bodenfeuchtigkeit. Sie fehlt aber, soweit der Mensch nicht eingegriffen hat, in den Bereichen mit einer mittleren Bodenfeuchtigkeit. In Anpflanzungen konnte man zeigen, dass die Waldkiefer hier am besten wachsen würde, also hier ihr *physiologisches Optimum* besitzt. Auf mittelfeuchten Böden haben aber auch andere Baumarten wie z.B. die Rotbuche ihr physiologisches Optimum. Durch die Konkurrenz dieser Baumarten wird die Waldkiefer an Standorte „gedrängt", auf denen sie sich aufgrund ihrer hohen Toleranzbreite behaupten kann. Dies bezeichnet man als *ökologisches Optimum*. Die Kiefer bevorzugt also nicht diese Böden, wie oft behauptet wird, sondern ist hier nur genügend *konkurrenzstark*. Die Konkurrenz zwischen Waldkiefer und Rotbuche wird als *zwischenartliche Konkurrenz* bezeichnet. Wenn sich dagegen bei nebeneinander stehenden jungen Waldkiefern die stärkste Pflanze durchsetzt, liegt eine *innerartliche Konkurrenz* vor. Die Wechselwirkungen zwischen den Organismen sind **biotische Faktoren**.

Zwischen Lebewesen sind auch andere Formen von Wechselwirkungen möglich. Die Beziehungen zwischen den Pantoffeltierchen und den Bakterien werden als **Räuber-Beute-Beziehung** bezeichnet. Räuber sind Organismen, die ihre Beute töten und sich von deren Substanzen ernähren. Wenn eine Katze eine Maus frisst, ist dies eine klare Räuber-Beute-Beziehung. Aber auch wenn eine Maus ein Getreidekorn frisst, liegt eine vergleichbare Situation vor. Das Lebewesen im Pflanzensamen, der Pflanzenembryo, wird beim Fressen getötet. Wie ist aber die Situation, wenn die Raupe des Kiefernspanners Kiefernnadeln oder die Larve des Buchdruckers unter der Rinde pflanzliches Gewebe frisst? Es werden zwar die gefressenen Gewebe getötet, die Pflanze selbst bleibt jedoch am Leben. Dies wird als **Parasitismus** bezeichnet.

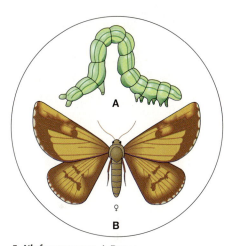

5 Kiefernspanner. A *Raupe;* **B** *Schmetterling*

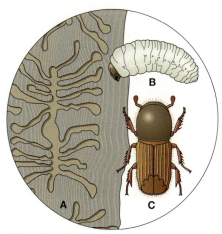

6 Buchdrucker. A *Fraßgänge unter der Baumrinde;* **B** *Larve;* **C** *Käfer*

Zusammenhänge im Ökosystem

7 Hallimasch. A Parasit auf Baumrinde; **B** Pilzhyphen im Baumgewebe

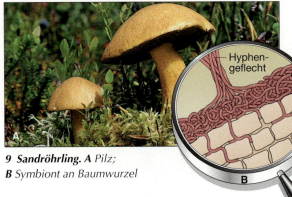

9 Sandröhrling. A Pilz; **B** Symbiont an Baumwurzel

8 Symbiose. A Blattlaus und Ameise;
B Kaffernbüffel und Madenhacker;
C grüner Süßwasserpolyp;
D Blüte und Fledermaus

Parasiten leben auf oder in einem anderen Organismus, dem *Wirt*, aber sie töten ihn nicht. Sie schädigen ihn durch Entnahme von Nährstoffen, durch Zerstörung seiner Gewebe und Organe oder durch die Ausscheidung von giftigen Stoffwechselprodukten.

Pilze zeigen eine besondere Vielfalt ökologischer Wechselwirkungen mit anderen Organismen. Der Hallimasch beispielsweise ist ein Parasit auf der Rinde vieler Bäume. Seine Hyphen dringen in die lebenden Zellen ein und zerstören die Gewebe. Dieser Pilz besiedelt aber auch totes Holz, z. B. in Baumstümpfen. Eine ganz andere Situation findet man beim Sandröhrling. Seine Hyphen dringen zwar auch in Pflanzengewebe ein, nämlich in die Wurzeln von Waldkiefern. Sie zerstören jedoch nicht die Zellen. Statt dessen gibt der Pilz Wasser und Nährsalze, die er aus dem Boden aufgenommen hat, an die Wurzeln des Baumes ab. Im Gegenzug wird der Pilz von den Zellen des Nadelbaums mit Nährstoffen versorgt. Hier liegt eine Lebensgemeinschaft zwischen Pilz und Baum vor mit einem etwa gleichwertigen Nutzen für beide Partner. Diese Beziehung wird als **Symbiose** bezeichnet. Symbiosen sind in der Natur weit verbreitet. Ameisen z. B. „betrillern" mit ihren Fühlern Blattläuse, um diese zur Abscheidung von zuckerhaltigem Kot zu veranlassen. Der Vorteil für die Blattläuse besteht darin, dass sie von den Ameisen bewacht und gegen Fressfeinde beschützt werden. Eine ebenfalls nur lockere Partnerbeziehung besteht zwischen dem Kaffernbüffel und einer Vogelart, dem Madenhacker, der die Haut des Büffels von Zecken säubert. Der grüne Süßwasserpolyp enthält in seinen Zellen Grünalgen, die ihre Fotosyntheseprodukte an den Polypen abgeben. Dieser braucht sich nicht mehr wie ein Tier zu ernähren.

Symbiontische Beziehungen, die für mindestens einen der Partner lebensnotwendig sind, werden auch als *Mutualismus* bezeichnet. Dazu gehören z. B. die Beziehungen zwischen Blütenpflanzen und ihren Bestäubern. Manche Pflanzen des tropischen Regenwaldes sind auf den Besuch von Fledermäusen angewiesen. Sie locken diese mit ihrem Duft an und bieten den Tieren Pollen und Nektar als Nahrung. Bei der Nahrungsaufnahme erfolgt dann die Bestäubung.

> Konkurrenten, Räuber, Beutetiere, Parasiten und Symbiosepartner sind biotische Faktoren in ökologischen Wechselbeziehungen.

1 Mäusebussard und Schleiereule ernähren sich im Wesentlichen von Mäusen. Besetzen sie die gleiche ökologische Nische? Erläutere.

PARASITISMUS BEI TIEREN

Pinnwand

Ektoparasitismus und Endoparasitismus

Flöhe und Läuse saugen Blut an der Körperoberfläche ihres Wirtes. Sie dringen nicht in das Körperinnere ein. Deshalb werden sie als Außenparasiten oder Ektoparasiten bezeichnet. Das Fehlen von Flügeln, die Rückbildung der Augen und die Umwandlung der Beine (Sprungbeine bzw. Klammerbeine) sind Angepasstheiten an den Parasitismus.

Viele Parasiten leben im Körperinneren des Wirtes oder im Darm oder in den Blutgefäßen. Sie sind noch extremer an die parasitäre Lebensweise angepasst, z. B. durch völlige Rückbildung der Beine, des Nervensystems oder der Sinnesorgane. Zu diesen Innenparasiten oder Endoparasiten gehören Bandwürmer, Trichinen und Spulwürmer.

Hundebandwurm

Der Hundebandwurm wird nur etwa 5 mm groß. Er lebt im Darm von Hunden und besteht aus Köpfchen und drei Gliedern. Das letzte, mit Eiern gefüllte Glied wird abgestoßen und durch ein neues ersetzt. Um das Risiko einen neuen Wirt zu finden, herabzusetzen, sind folgende Strategien ausgebildet:

1. Die Eizahl ist sehr hoch.
2. Die Eier müssen von einem Zwischenwirt (Rind oder Schaf) aufgenommen werden.
3. Im Darm des Zwischenwirts schlüpft aus dem Ei eine Hakenlarve, die sich in die Darmwand bohrt und mit dem Blutstrom in Leber oder Lunge geschwemmt wird. Dort entwickelt sich eine Blase, die Finne.
4. In der Finne bilden sich durch ungeschlechtliche Vermehrung viele Köpfchen und auch Tochterblasen aus.

Der Mensch kann sich infizieren, wenn er an Stelle eines Zwischenwirts Eier des Hundebandwurms aufnimmt. Die in Leber, Lunge oder Gehirn entstehende Finne führt meist zum Tod.

Tierläuse

Kamellaus auf Lama, Kamel und Dromedar

Robbenlaus auf Seehunden und Seelöwen

Wallaus auf Walen

Kleiderlaus auf Menschen

Erschließungsfeld
Angepasstheit

Lebewesen besitzen vielfältige bauliche, funktionelle und verhaltensspezifische Merkmale, die ihnen das Leben unter bestimmten Umweltbedingungen ermöglichen. Die Angepasstheit der Lebewesen an ihre Umwelt wird bei Parasiten besonders deutlich, da sie in einem eng begrenzten Lebensraum mit relativ konstanten Bedingungen leben.

So dienen der abgeflachte Körper und die Klammerbeine der Läuse dem Festhalten auf der Oberfläche des Wirtes. Im Fell von Säugetieren können wenig optische Reize wahrgenommen werden. Läuse besitzen daher zurückgebildete Augen, dafür aber einen ausgeprägten thermischen Sinn.

Walläuse sind keine Läuse!

Robben und Wale sind an das Leben im Meer angepasst. Im Haarkleid der Robben kann man Läuse finden. Wale dagegen besitzen kein Fell. Dieser Anpassung konnten die Läuse der Walvorfahren nicht folgen und starben aus. Jedoch wurde diese nun freie ökologische Nische von parasitischen Krebsen besetzt, die als Walläuse an Stelle der echten Läuse getreten sind. Man nennt dies eine *Stellenäquivalenz*.

1 Der Schweinefinnenbandwurm lebt im Darm des Menschen.
a) Um welche Form des Parasitismus handelt es sich hier?
b) Ergänze folgende Tabelle in deinem Hefter. Nutze dazu auch die Pinnzettel.

Merkmale des Schweinefinnenbandwurmes	Erklärung der Anpassung
– kräftige Muskeln – säurefeste Kutikula auf der Haut – es fehlt: → Verdauungssystem	

Zusammenhänge im Ökosystem

1 Verhaltensweisen der Berberaffen.
A Sonnenbaden, B Drohverhalten, C Demutsverhalten

8 Zusammenleben von Tieren

Zoobesucher stehen besonders gern vor dem Gehege der Berberaffen. Die aus Nordafrika und Gibraltar stammenden Tiere sind neugierig und führen innerhalb ihrer Gruppe ein ausgeprägtes soziales Leben. Das Zusammenleben in einem **sozialen Verband** bringt den Affen erhebliche Vorteile. Gemeinsam können sie sich gegen Feinde wie verwilderte Hunde und Raubvögel besser verteidigen. Mit der sozialen Lebensweise entsteht aber nicht nur *Nutzen* für das Individuum. Der Konkurrenzdruck nimmt zu, die Ressourcen, zum Beispiel Futter, werden knapper. So ergeben sich *Kosten*. In der Entwicklungsgeschichte waren nur Verbände von Vorteil, bei denen der Nutzen die Kosten überstieg.

Die Mitglieder einer Affengruppe kennen sich persönlich. Um sich bei der Futtersuche, beim Aufsuchen der Schlafplätze und während der Paarungszeit zu verständigen, benutzen sie nicht nur Laute. Genauso wichtig sind Körpersprache und Gesichtsausdruck.
In der Affengruppe nimmt jedes Mitglied eine bestimmte Position ein. Der Anführer dieser **Rangordnung** ist meist ein starkes und erfahrenes Männchen, das *Alpha-Tier*. Zu seinen Vorrechten gehört es, zuerst Zugang zu Nahrung bzw. Weibchen zu erhalten. So gelangen die Gene des Anführers häufiger in die nächste Generation, seine Fitness steigt. Immer wieder muss das ranghöchste Männchen seine Stellung demonstrieren. Es rüttelt zum Beispiel kräftig an Bäumen: **Imponierverhalten**. Kommt es zu ernsthaften Streitigkeiten, soll das **Drohverhalten** den Herausforderer einschüchtern. Mit vorgestrecktem Kopf werden tiefe Laute ausgestoßen. Wirkt die Drohhaltung, wendet sich der Unterlegene ab, weicht aus oder wendet dem Stärkeren als Zeichen der Unterwerfung sein Hinterteil zu: Er zeigt **Demutverhalten**. Ernsthafte *Beißkämpfe* können so oft verhindert werden.
Die Rangordnung zeigt sich auch bei der gegenseitigen *Fellpflege*. Ranghöhere Tiere lassen sich häufig von Untergeordneten das Fell durchkämmen. Fellpflege kann aber auch eine andere Bedeutung haben: Mütter festigen den Kontakt zu ihren Jungen, wenn sie im Fell nach Hautschuppen und Fellparasiten suchen.

> In Tierverbänden wird die Rangordnung weitgehend durch Imponierverhalten, Demutsverhalten und Drohverhalten geregelt.

1 Beschreibe die Verhaltensweisen der Berberaffen anhand der Abbildungen 1 und 2.
2 Auch auf dem Schulhof gibt es Beispiele für eine Rangordnung, für Imponier-, Droh- und Demutsverhalten. Beschreibe Beispiele.

2 Soziale Fellpflege unter Berberaffen

SOZIALVERBÄNDE BEI TIEREN

Pinnwand

Aggregation

Die verschiedenen Tiere kommen durch Zufall oder bestimmte ökologische Bedingungen wie zum Beispiel gemeinsam genutzte Wasserstellen zusammen. Es besteht keine feste Struktur oder eine Bindung zwischen den Tieren.

Offener anonymer Verband

Die Tiere sammeln sich zu größeren Gruppen zum Beispiel beim Vogelzug. Es gibt keine Rangordnung. Weitere Artgenossen können sich jederzeit der Gruppe anschließen. Der Verband bietet dem einzelnen Individuum besseren Schutz vor Beutegreifern.

Geschlossener anonymer Verband

Diese Sozialform ist häufig bei Staaten bildenden Insekten anzutreffen. Die zusammen lebenden Tiere kennen sich nicht persönlich. Sie tragen aber ein bestimmtes Gruppenmerkmal. Bei den Bienen ist es zum Beispiel der Geruch, der ein Bienenvolk vom anderen unterscheidet. Artgenossen eines fremden Volkes werden angegriffen.

Individualisierter Verband

Die Mitglieder der Gruppe kennen sich persönlich und können sicher zwischen den einzelnen Individuen unterscheiden. Im Verband bildet sich eine Rangordnung heraus. Das Wolfsrudel wird zum Beispiel vom ranghöchsten Wolf geführt. Die Rangordnung wird häufig durch Kämpfe bestimmt.

1 Finde zu jeder Form des Zusammenlebens ein weiteres Beispiel. Erkläre dieses Beispiel.

Zusammenhänge im Ökosystem

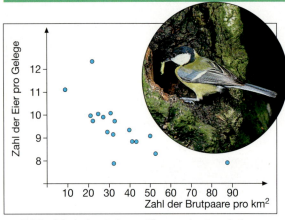

1 Abhängigkeit der Gelegegröße von der Populationsdichte bei Kohlmeisen

2 Konkurrenz von Brutpaaren bei der Dreizehenmöwe

9 Selbstregulation im Ökosystem

9.1 Populationen verändern sich

Bei der Kohlmeise kann die Gelegegröße zwischen 6 und 13 Eiern schwanken. Dies ist erblich festgelegt. Die Anzahl der Eier innerhalb dieser Grenzen ist jedoch von Umweltfaktoren abhängig. Eine wichtige Rolle spielt die Anzahl anderer Kohlmeisenpaare in der Umgebung des Nestes. Die Populationsdichte der Kohlmeisen hat also einen Einfluss auf die Fortpflanzungsrate dieser Vögel.

Organismen derselben Art haben dieselben Ansprüche an ihre Umwelt. Je höher die Individuenzahl, desto stärker ist die Konkurrenz zwischen den Artgenossen. Bei der Beeinflussung der Gelegegröße durch die Anzahl der Brutpaare handelt es sich um eine *innerartliche Konkurrenz*. Ursache der geringeren Zahl an Eiern ist die begrenzte Menge an Nahrung. Bei höherer Populationsdichte steht den einzelnen Brutpaaren weniger Nahrung zur Verfügung.
Durch das Sinken der Fortpflanzungsrate nimmt die Gesamtindividuenzahl der Population ab. Dadurch steigt die für die einzelnen Individuen anteilige Menge Nahrung wieder an. Auf diese Weise kann also das Populationswachstum auf Dauer reguliert werden. Da der Einfluss des regulierenden Faktors, in diesem Fall des Nahrungsangebots, von der Populationsdichte abhängt, spricht man von einem **dichteabhängigen Faktor**.
Auch die Fortpflanzung von Möwen auf einem Vogelfelsen ist von der Populationsdichte abhängig. Jedes Brutpaar sorgt für einen bestimmten Abstand zu den Nachbarnestern. Möwen, die keinen Brutplatz erkämpfen können, bleiben von der Fortpflanzung ausgeschlossen. Hier sichert also die *Territorialität* der Vögel den gleichbleibenden Bestand der Population.
Eine zu hohe Populationsdichte kann viele Nachteile für den Bestand einer Art in ihrem Lebensraum haben. Die einzelnen Tiere oder auch Pflanzen sind aufgrund von Nährstoffmangel schwächer und damit anfälliger gegenüber Verletzungen oder Krankheiten. Parasiten wie z. B. Bakterien, Viren oder Würmer können sich schneller ausbreiten. Auch Fressfeinde können sich mit zunehmender Dichte einer Population von Beutetieren auf diese einstellen und vermehrt fressen.
Nicht alle Umweltfaktoren sind jedoch von der Populationsdichte abhängig. Wenn z. B. eine Flussaue von einem Hochwasser überschwemmt wird, führt dies zu einer drastischen Verringerung der Mäuse in diesem Gebiet, unabhängig davon, ob die Population groß oder klein war. Klima, Wetter, Waldbrände oder Überschwemmungen werden nicht durch die Größe einer Population beeinflusst. Man nennt sie deshalb **dichteunabhängige Faktoren**.
Als Folge der intensiven Landwirtschaft und der geänderten Bauweise in den Dörfern war früher der Bestand der Schleiereule stark rückläufig. In den letzten Jahren konnte er sich aufgrund verschiedener Artenschutzprojekte, z. B. durch Anbringen von Nistkästen, erholen. Aus den Aufzeichnungen der Naturschützer ist zu ersehen, dass trotz dieser intensiven Hilfsprogramme von Jahr zu Jahr erhebliche Populationsschwankungen auftreten. Wie lassen sich diese erklären?
Schlechte Witterungsbedingungen, z. B. ein nasskaltes Frühjahr, führen in manchen Jahren zu einem deutlichen Rückgang der Individuenzahlen in den Populationen der Feldmaus, der Hauptnahrung der Schleiereule. Aufgrund des Nahrungsmangels können nicht alle Jungtiere der Eulen ausreichend ernährt werden, sodass auch die Größe der Eulenpopulation mit einer zeitlichen Verzögerung abnimmt.

Zusammenhänge im Ökosystem

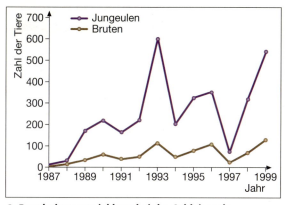

3 Populationsentwicklung bei der Schleiereule in einem Landkreis von 1987 bis 1999

4 Aussterben einer Präriehuhnart in Massachusetts (USA)

Die Erklärung aufgrund des Nahrungsmangels reicht jedoch nicht aus, um alle Populationsschwankungen zu begründen. Die Populationsentwicklung einer Präriehuhnart in den USA zeigt beispielhaft, dass die Größe einer Population von vielen verschiedenen Faktoren abhängig ist und schließlich die Population auch aussterben kann. 1907 führten Schutzmaßnahmen zum Populationsanstieg dieser Art. Aber 1916 wurde die Population durch eine Kombination von Steppenfeuer, Sturm, kaltem Winter und durch Habichte so weit dezimiert, dass aufgrund der geringen Zahl von überlebenden Tieren keine ausreichende Fortpflanzung mehr erfolgen konnte und die letzte Population und somit die Art ausstarb.

Dieses Zusammenwirken von abiotischen und biotischen Faktoren bei der Regulation von Populationsdichten konnte in einem Laborexperiment gezeigt werden: In einem Versuchsgefäß wurden Pflanzen fressende Milben gehalten, die auf Orangenschalen leben. Dann setzte man einige Tiere einer Raubmilbenart dazu, die sich von den Pflanzen fressenden Milben ernährten. Nach einigen Wochen waren beide Milbenarten verschwunden. Der Räuber hatte die Beute so stark dezimiert, dass beide Arten nicht überleben konnten. Als man jedoch in das Versuchsgefäß einige Steine einbrachte, zwischen denen sich die Beutetiere verstecken konnten, war das Überleben beider Populationen möglich.

Während des Versuchs ließen sich bei beiden Populationen wellenartige Schwankungen in der Individuendichte feststellen. Diese Populationsschwankungen wurden bereits 1926 von dem Mathematiker VOLTERRA durch ein idealisiertes Modell erklärt. Nach diesem Modell ist die Höhe der Schwingungen immer gleich, die Schwingungen von Beute und Räuber sind phasenverschoben und langfristig bleiben die Mittelwerte beider Populationen gleich.

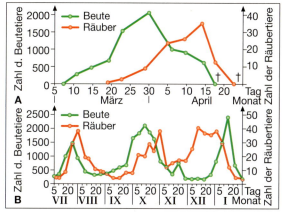

5 Laborexperimente zu Räuber-Beute-Systemen.
A ohne Versteckmöglichkeiten;
B mit Versteckmöglichkeiten

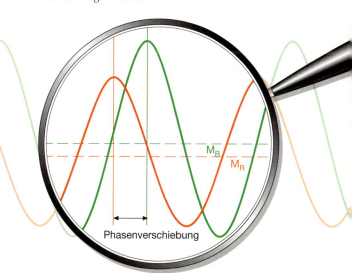

6 Populationsdynamik in einem Räuber-Beute-System.
M_B = Mittelwert Beute; M_R = Mittelwert Räuber

Zusammenhänge im Ökosystem

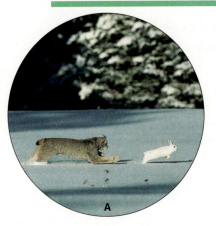

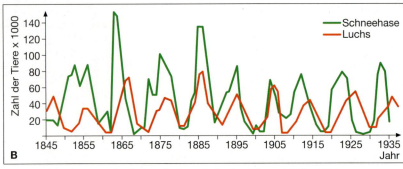

7 Das Schneehase-Luchs-System in Kanada in den Jahren 1840–1930.
A Schneehase und Luchs; **B** Populationsdynamik

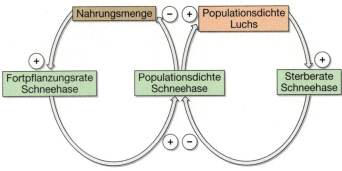

8 Regulation der Populationsdichte des Schneehasen
+ = „nimmt zu … nimmt zu" bzw. „nimmt ab … nimmt ab";
– = „nimmt zu … nimmt ab" bzw. „nimmt ab … nimmt zu"

Wie schwierig die Situation tatsächlich sein kann und wie leicht man durch einen Erklärungsansatz getäuscht werden kann, zeigt folgendes Beispiel: Zwischen 1840 und 1930 kauften kanadische Pelzfirmen von Jägern viele Tausend Felle von Schneehasen und Luchsen. Anhand der Zahl der Felle konnte man später in diesem Zeitraum deutliche, voneinander abhängige Schwankungen in den Populationen des Schneehasen und des Luchses feststellen.

Dies galt lange Zeit als überzeugender Beleg für die gegenseitige Regulation in der Populationsdichte eines Räubers und seiner Beute. Heute weiß man, dass die Populationswellen beim Schneehasen auch in Gegenden auftreten, wo der Luchs fehlt. Vermutlich wird zwar die Populationsdichte des Luchses durch seine Beute reguliert, nicht aber die des Schneehasen durch seinen Räuber. Bei einer hohen Populationsdichte von Schneehasen werden seine Nahrungspflanzen geschädigt. Man weiß, dass Pflanzen, die von Pflanzenfressern angebissen und geschädigt wurden, weniger Nährstoffe enthalten. So ist es wahrscheinlich, dass aufgrund der geringeren Qualität der Nahrung viele Schneehasen sterben und die Populationsdichte sinkt.

Es könnte aber auch sein, dass noch ein weiterer, bis jetzt unbekannter biotischer oder abiotischer Faktor eine Rolle spielt. Die Widerlegung der früheren „Hase-Luchs-Hypothese" zeigt, wie schwierig es ist, alle Wechselwirkungen in ökologischen Systemen zu analysieren. Oft sind diese so komplex, dass sie nicht vollständig erfasst werden können.

> Das Wachstum einer Population kann durch dichteabhängige und dichteunabhängige Faktoren beeinflusst werden. Populationen zeigen Dichteschwankungen, die auf abiotischen und biotischen Faktoren beruhen.

1 Erläutere anhand von Abbildung 3 auf Seite 131, weshalb Naturschützer in Zusammenhang mit ihren Bemühungen, die Schleiereule zu retten, von einem Erfolg sprechen.

2 Bei vielen Pflanzen nimmt die Menge der gebildeten Samen ab, wenn die Pflanzen dicht nebeneinander stehen. Erläutere.

3 In einem harten, schneereichen Winter wird die Population an Hasen sowohl durch dichteabhängige als auch durch dichteunabhängige Faktoren reguliert. Erläutere.

4 Mit einem Computersimulationsprogramm können die Populationsschwankungen in einem Räuber-Beute-System wie in Abbildung 7 dargestellt werden. Erläutere, inwieweit dieses Ergebnis mit Befunden aus der Natur übereinstimmt.

5 Erläutere, weshalb sowohl eine zu hohe als auch eine zu geringe Populationsdichte nachteilig für das Fortbestehen einer Art in einem Lebensraum sein kann.

6 Sowohl ansteckende als auch nichtansteckende Krankheiten können die Populationsdichte einer Art beeinflussen. Erläutere, inwieweit es sich hier um biotische oder abiotische, dichteabhängige oder dichteunabhängige Faktoren handelt.

Zusammenhänge im Ökosystem

9.2 Fortpflanzungsstrategien

Heringe leben in großen Schwärmen im Meer. Männchen und Weibchen geben gleichzeitig ihre Geschlechtszellen ins Wasser ab, wo die Eier befruchtet werden. Da keine weitere Betreuung erfolgt, wird ein großer Teil der Eier und Larven z. B. durch Fressfeinde schnell vernichtet. Die Populationsgröße ist insgesamt sehr niedrig und kommt praktisch nie an das mögliche Fassungsvermögen des Lebensraums heran.

Die Evolution hat hier zu einer sehr hohen Fruchtbarkeit und zu einem schnellen Eintreten der Geschlechtsreife geführt, also zu Angepasstheiten, die eine sehr starke Vermehrung begünstigen. Man spricht hier von einer **r-Selektion** (r = Rate der Vermehrung) bzw. der r-Strategie bei der Fortpflanzung. Diese Art der Vermehrung findet man unter den Wirbeltieren bei vielen Fischen, Reptilien und Singvögeln. Ebenso sind Feldmaus, Feldhase und Wildkaninchen r-Strategen. Ein hohes Reproduktionspotential tritt auch bei vielen Insekten, Krebstieren und Weichtieren sowie bei vielen Pflanzenarten auf. Vor allem bei solchen Arten, die neue Lebensräume besiedeln, findet man diese Strategie.

Maulbrüter sind dagegen Fische mit einer völlig anderen Strategie. Die Tiere leben zwischen den Steinen und Wasserpflanzen des Victoriasees in Zentralafrika. Ein Weibchen legt im Rahmen einer sehr aufwändigen Balz nur wenige Eier, die es sofort nach der Eiablage ins Maul nimmt. Auch die geschlüpften Jungtiere werden noch einige Tage im Maul behalten.

Trotz der geringen Zahl an Nachkommen ist die Vermehrungsrate der Maulbrüter so hoch, dass das Fassungsvermögen des Lebensraums, also die *Kapazität*, erreicht wird. Die Evolution hat hier einen effektiven Schutz der Nachkommen und eine maximale Ressourcenverwertung begünstigt. Durch die Brutpflege erhöht sich die Lebenserwartung der Nachkommen enorm. Dies bezeichnet man als **K-Selektion** bzw. K-Strategie der Fortpflanzung (K = Kapazität). Viele Großtiere wie Elefanten, Wale, Raubkatzen und Menschenaffen sind K-Strategen. Der Lebensraum ist stabil und die Populationsgröße relativ konstant.

Bei der Neubesiedelung von Lebensräumen hat man beobachtet, dass sich zunächst Arten mit r-Strategie ausbreiten, aber später von Arten mit K-Strategie abgelöst werden.

> Arten mit einer Populationsdichte, die weit unter dem Fassungsvermögen des Lebensraums liegt, vermehren sich mit der r-Strategie. Arten mit einer Populationsdichte an der Kapazitätsgrenze ihres Lebensraums wenden die K-Strategie an.

1 Der Hering – ein r-Stratege

2 Der Maulbrüter – ein K-Stratege

Fischart	Zahl der Nachkommen	Besonderheiten
Karpfen	1 500 000	dringt auch in Überschwemmungsgebiete vor
Makrele	500 000	Räuber; jagt Heringe
Hering	70 000	Schwarmfisch
Forelle	10 000	legt Eier am Bachgrund zwischen Steinen ab
Stichling	200	Weibchen verteilt die Eier auf mehrere Männchen; Brutpflege durch die Männchen
Guppy	10 bis 100	lebendgebärend
Diskusfisch	50	Jungfische fressen Hautsekret der Eltern
Maulbrüter	10 bis 15	Eier und Jungfische geschützt im Maul der Mutter

3 Zahl der Nachkommen bei verschiedenen Fischarten

1 Erläutere, weshalb sich auf einer durch Rodung entstandenen Waldlichtung zuerst Tierarten und Pflanzenarten mit r-Strategie ansiedeln.

2 Ordne den in Abbildung 3 genannten Fischarten jeweils die Fortpflanzungsstrategie zu. Erläutere.

Zusammenhänge im Ökosystem

10 Aufbau von Biomasse

Die grünen Pflanzen in Wäldern, auf Äckern und Wiesen oder in den Gewässern nutzen die Sonnenenergie und bauen im Zuge der **Fotosynthese** aus energiearmen, anorganischen Stoffen energiereiche, organische Stoffe wie Zucker, Stärke, Zellulose, Eiweiße oder Fette auf. Sie produzieren **Biomasse.**

Die Pflanzen verbrauchen etwa die Hälfte der aufgebauten organischen Substanz in der eigenen Zellatmung. Daher wird nur der Rest als Zuwachs an Pflanzenmasse sichtbar, z. B. im Experiment oder in der Landwirtschaft. Diese Nettoproduktion kann direkt als Zunahme des *Frischgewichtes* gemessen werden.

Will man die **Produktivität** verschiedener Ökosysteme unabhängig von der Jahreszeit und vom Wassergehalt der Pflanzen vergleichen, so ist es sinnvoll, den jährlichen Zuwachs an *Trockenmasse* anzugeben. Dieser Wert lässt sich durch Trocknen von geerntetem Pflanzenmaterial bestimmen. Man kann davon ausgehen, dass 1 Kilogramm pflanzliche Trockenmasse 15 000 bis 20 000 Kilojoule chemisch gebundener Energie speichert.

Weltweit werden pro Jahr etwa 160 Milliarden Tonnen Biomasse von pflanzlichen **Produzenten** aufgebaut. Etwa ebenso viel wird durch **Konsumenten** und **Destruenten** auch wieder abgebaut. Zwei Drittel dieses Umsatzes findet an Land, ein Drittel in den Ozeanen statt. In den Wäldern der Erde sind über 900 Milliarden Tonnen Pflanzenmasse gespeichert. Noch größere Mengen lagern als Humus in Böden und als Faulschlamm am Grund der Ozeane.

Der Mensch greift in den Naturhaushalt ein und nutzt mehr und mehr der global verfügbaren Biomasse zur *Rohstoffgewinnung*, zur *Ernährung* und zur *Energieversorgung*. So kochen und heizen noch immer große Teile der Weltbevölkerung mit Brennholz. Mit dem Verbrennen der gewaltigen Biomasse der Wälder gelangt zusätzliches Kohlenstoffdioxid in die Atmosphäre, der Treibhauseffekt wird angeheizt. Um Wälder zu schonen, wird in den Industriegesellschaften erprobt, inwieweit sich Holzabfälle, Ernterückstände, Biogas oder speziell angebaute Pflanzen für die Energiegewinnung nutzen lassen.

> Produzenten bauen über die Fotosynthese energiereiche pflanzliche Biomasse auf. Die Produktivität von Ökosystemen ist unterschiedlich.

1 Stelle die Werte zur Gesamtbiomasseproduktion in Form eines Kreisdiagramms dar. Dazu kannst du auch den Computer benutzen. Ergänze dazu zuerst die Abbildung 1 um eine zusätzliche Spalte „Sonstige Ökosysteme" und vervollständige die Tabelle so, dass die Summe der Biomasseproduktion 160 Mrd. t beträgt.

2 Welche Energiemenge wird in einem europäischen Mischwald pro Jahr auf einer Fläche von 1 ha chemisch gebunden? Vergleiche den errechneten Wert mit dem jährlichen Energieverbrauch von 170 000 000 kJ pro Kopf in Deutschland.

3 Informiere dich über eine der Möglichkeiten, Biomasse als Energiequelle zu nutzen. Stelle deiner Klasse die Vorzüge und Probleme dieser Art der Energieversorgung vor.

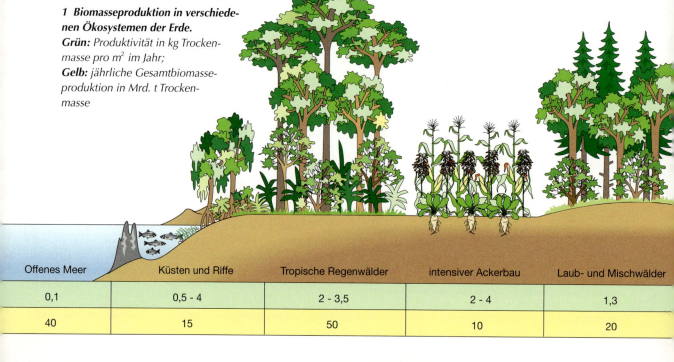

1 Biomasseproduktion in verschiedenen Ökosystemen der Erde.
Grün: *Produktivität in kg Trockenmasse pro m² im Jahr;*
Gelb: *jährliche Gesamtbiomasseproduktion in Mrd. t Trockenmasse*

Offenes Meer	Küsten und Riffe	Tropische Regenwälder	intensiver Ackerbau	Laub- und Mischwälder
0,1	0,5 - 4	2 - 3,5	2 - 4	1,3
40	15	50	10	20

DAS „ÖKOLOGISCHE GLEICHGEWICHT"

Pinnwand

1 „Dieser Teich befindet sich im Gleichgewicht", sagt jemand beim Anblick eines Teiches mit üppigem Pflanzenwuchs. Ist diese Aussage richtig?

Statisches Gleichgewicht

a)   b)   c)

Betrachtet man das Verhalten einer Kugel auf einer Unterlage, so lassen sich drei Fälle unterscheiden:
a) Die Kugel rollt bei einer kleinen Störung wieder in ihre Ausgangsposition zurück (stabiles Gleichgewicht).
b) Die Kugel verlässt ihre Ausgangsposition bei einer geringfügigen Störung und kehrt nicht mehr dorthin zurück (labiles Gleichgewicht).
c) Die Kugel verbleibt nach einer Störung in der neuen Position (indifferentes Gleichgewicht).

Dynamisches Gleichgewicht

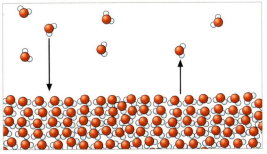

Lässt man in einem geschlossenen Gefäß eine Flüssigkeit verdunsten, so kommt der Vorgang nach einer gewissen Zeit äußerlich zur Ruhe. Genau betrachtet treten aber ebenso viele Teilchen aus der Flüssigkeit in den Gasraum über, wie Teilchen aus dem Gasraum in die Flüssigkeit zurückgelangen. Diesen Gleichgewichtszustand bezeichnet man als dynamisch.

Tiere und Pflanzen als dynamische Systeme

Bei Tieren und Pflanzen handelt es sich um biologische Systeme, die wie ein Springbrunnen ebenfalls durch permanente Veränderung gekennzeichnet sind. Sie nutzen ein komplexes Gefüge von Ungleichgewichten bei physikalisch-chemischen Vorgängen zu ihrem Selbsterhalt. Um ihre „dynamische Stabilität" zu erhalten, sind Pflanzen und Tiere auf einen Stoffwechsel, die ständige Zufuhr von Stoffen und Energie, angewiesen. Wesentlich für diese Stabilität sind Regelkreise, die Abweichungen vom Normalzustand ständig korrigieren. Diese Stabilität gibt es aber nicht dauerhaft, weil biologische Systeme altern.

Dynamische Systeme

Auf den ersten Blick ist die äußere Form eines Springbrunnens gleichbleibend. Bei genauer Betrachtung erkennt man aber permanente, kleine Veränderungen. Ein Springbrunnen kann nur durch einen beständigen Wasserzufluss existieren. Wasser fließt aber allgemein nur dann, wenn gerade kein Gleichgewichtszustand vorliegt. Einen solchen relativ stabilen Zustand eines Systems, fern ab von einem tatsächlichen Gleichgewicht, bezeichnet man als *Fließgleichgewicht*.

„Ökologisches Gleichgewicht"

Auch Ökosysteme sind Fließgleichgewichte und somit Systeme, die sich fern ab von einem wie auch immer gearteten Gleichgewichtszustand befinden. Änderungen der äußeren Bedingungen, also der biotischen und abiotischen Faktoren, oder äußere Eingriffe in die Regelmechanismen können das Ökosystem stören und dazu führen, dass sich die Fließgleichgewichte eines Ökosystems verändern. Im Extremfall können nicht mehr regelbare Instabilitäten auftreten, die zum Aussterben ganzer Populationen und zum Zusammenbruch des Ökosystems führen können.
Die Aussage „Ein Ökosystem befindet sich im Gleichgewicht" ist daher nicht haltbar. Ökosysteme befinden sich deshalb auch nicht in einem „labilen Gleichgewicht", wie man oft hört, wenn auf die Gefährdung von Ökosystemen hingewiesen wird.

2 Befinden sich Regenwälder, die oft schon seit Tausenden von Jahren bestehen, im „ökologischen Gleichgewicht"? Erläutere.

Zusammenhänge im Ökosystem

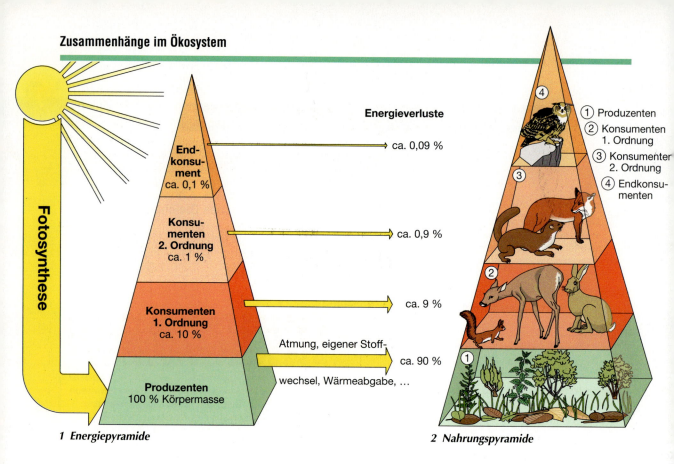

1 Energiepyramide

2 Nahrungspyramide

11 Energiefluss im Ökosystem Wald

Alle Energie stammt aus der Sonne. Nur die fotosynthetisch aktiven Pflanzen, die **Produzenten,** sind in der Lage, etwa 1 % des einfallenden Sonnenlichtes in körpereigene Biomasse wie Stärke und Cellulose umzuwandeln und damit zu binden. Die Pflanzen und alle übrigen Lebewesen müssen von dieser Energie ihre Lebensvorgänge bestreiten.

Setzen wir einmal diese in den Pflanzen gebundene Energie mit 100 % an und verfolgen was mit ihr in einer Nahrungskette weiter passiert. Die gebundene Energie wird zunächst von den Produzenten selbst für Atmung, Wachstum und die übrigen Lebensvorgänge verwendet. Etwa 90 % der gebundenen Energie werden durch diese Vorgänge verbraucht. Es bleiben also nur noch ca. 10 % für die nächste Nahrungsebene, die **Konsumenten 1. Ordnung,** übrig.

Diese Pflanzenfresser nehmen die Energie mit der Nahrung auf. Auch sie verbrauchen für ihre eigenen Lebensvorgänge wieder ca. 90 % der aufgenommenen Energie. Von der ursprünglichen Energiemenge sind also nur noch 1 % übriggeblieben. Diese gelangt über die Nahrungskette zu den **Konsumenten 2. Ordnung.** Diese Fleischfresser verbrauchen wieder ca. 90 % der mit der Nahrung aufgenommenen Energie für ihre eigenen Lebensvorgänge. Für die **Endkonsumenten,** die ebenfalls Fleischfresser sind, bleiben von der ursprünglichen Energiemenge nur noch 0,1 %. Die Endkonsumenten sind in der Regel große Tiere, die auch größere Beutetiere fressen als die Konsumenten 2. Ordnung, um ihren Energiebedarf zu decken.

Die von den Produzenten gebundene Energiemenge nimmt also von Nahrungsstufe zu Nahrungsstufe um etwa den Faktor 10 ab. Man bezeichnet diesen Vorgang als *Energiefluss.* Ordnet man die verschiedenen Nahrungsebenen aufeinander folgend an, so erhält man eine Pyramidenform. Legt man die mit jeder Stufe abnehmende Energie zugrunde, so spricht man von einer **Energiepyramide.** Wählt man dagegen die in den verschiedenen Nahrungsebenen beteiligten Lebewesen als Maßstab, so erhält man eine **Nahrungspyramide.**

> Die Produzenten binden durch Fotosynthese Energie, die über die Nahrungsketten weitergegeben wird. Hierbei nimmt die Energiemenge von Stufe zu Stufe um etwa den Faktor 10 ab.

1 Beschreibe und erläutere die Abbildungen 1 und 2.
2 Zeichne eine Nahrungs- und Energiepyramide für ein anderes Ökosystem. Erkläre.
3 Auch der Mensch ist Mitglied solcher Pyramiden. Begründe, welche Konsumentenstufe der Mensch einnehmen kann.

Zusammenhänge im Ökosystem

12 Stoffkreisläufe im Wald

Jede Nahrungskette beginnt mit einem Produzenten. Eine Buche beispielsweise baut durch Fotosynthese große Mengen an Biomasse auf. Wenn die Blätter der Buche von einer Raupe als Erstkonsument gefressen werden, kann eine Nahrungskette ablaufen, wie in der Abbildung zu sehen ist. Die meisten Blätter werden aber im Normalfall nicht gefressen, sondern fallen im Herbst ab. Was geschieht mit dieser Biomasse? Sie bildet den größten Teil der Bodenstreu, die nun von den Destruenten abgebaut wird. Auch abgebrochene Äste oder abgestorbene Bäume werden auf diese Weise allmählich in Humus verwandelt. Entsprechendes gilt auch für Ausscheidungen von Tieren oder für tote Tiere. Bei der Humusbildung werden die Baustoffe der Biomasse chemisch zersetzt. Dabei entstehen verschiedene Nährsalze, die dem Boden zugeführt werden. Wenn im Frühjahr die Buche wieder austreibt und in wenigen Tagen das Laub bildet, benötigt der Baum für die neue Biomasse große Mengen an Nährsalzen. Diese nimmt er, gelöst im Wasser, mit den Wurzeln aus dem Boden auf. Damit hat sich der Kreislauf geschlossen. Man nennt dies einen **Stoffkreislauf**.

Ein besonders wichtiger Stoffkreislauf bezieht sich auf den Kohlenstoff. Die Buche nimmt ihn, eingebaut in das Gas Kohlenstoffdioxid, aus der Atmosphäre über die Blätter auf. Mithilfe von Licht bildet sie bei der Fotosynthese aus dem Kohlenstoffdioxid und Wasser große Mengen an Traubenzucker. Dieser ist Ausgangsstoff für weitere wichtige Stoffe. Nun ist der Kohlenstoff in die Biomasse eingebaut. Einen Teil der Biomasse benötigt die Buche für ihr Wachstum. In den verholzten Teilen des Baums ist sie dann für mehrere Jahre eingeschlossen. Ein anderer Teil der Biomasse wird als Energielieferant in Form von Traubenzucker wieder verbraucht. Dabei gibt die Buche Kohlenstoffdioxid wieder an die Atmosphäre ab. Die auf die Buche folgenden Konsumenten in der Nahrungskette benötigen die Nährstoffe des jeweils vorangegangenen Nahrungskettengliedes. Aus den aufgenommenen Nährstoffen gewinnen sie Energie, indem sie die Stoffe wieder zu Kohlenstoffdioxid und Wasser abbauen. Das Kohlenstoffdioxid wird dabei an die Atmosphäre abgegeben.

Auch Sauerstoff wird in einem Stoffkreislauf zwischen den Pflanzen, den Tieren und der Atmosphäre hin- und herbewegt. Die Tiere nehmen bei der Atmung Sauerstoff aus der Atmosphäre auf, während die Pflanzen bei der Fotosynthese Sauerstoff in die Atmosphäre abgeben. Noch weitere Elemente wie Stickstoff, Phosphor und Schwefel durchwandern ähnliche Kreisläufe.

> Produzenten, Konsumenten und Destruenten bewirken einen Kreislauf des Kohlenstoffs zwischen der Atmosphäre und dem Ökosystem Wald. Daneben gibt es weitere Stoffkreisläufe.

1 Kohlenstoffkreislauf im Wald
→ ist Nahrung von …
⇒ Atmung ⇒ Fotosynthese
⇒ organische Stoffe

1 Erläutere die Bedeutung des Streuabbaus für den Kohlenstoffkreislauf.

Zusammenhänge im Ökosystem

Vernetze dein Wissen

Zusammenhänge im Ökosystem

A 1 An einem See folgen vom Land zum Wasser verschiedene Zonen aufeinander.
a) Zähle sie der Reihe nach auf.
b) Ordne die aufgeführten Pflanzen den richtigen Zonen zu:
Tausendblatt, Teichrose, Rohrkolben, Sumpfdotterblume, Pfeilkraut, Weide, Wasserpest, Seerose, Froschlöffel, Wasserschwertlilie, Hornblatt.

A 2 a) Ordne die Abbildungen den einzelnen Insekten zu: Stechmückenlarve, Wasserläufer, Kleinlibellenlarve, Rückenschwimmer.
b) Erkläre an den Beispielen die besondere Angepasstheit der Insekten an ihren Lebensraum.

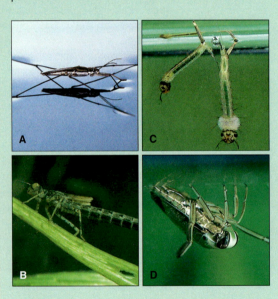

Mit einem speziellen Thermometer wird in einem See die Wassertemperatur in unterschiedlicher Wassertiefe gemessen. Das Messergebnis ist in der Grafik dargestellt.
a) In welcher Jahreszeit wurden die Messungen durchgeführt? Begründe.
b) Erläutere die Ursachen für die unterschiedlichen Wassertemperaturen.
c) Beschreibe die im Jahresgang auftretenden Veränderungen des Sauerstoffgehalts im Tiefenwasser und begründe.

A 4 Der Zürichsee in der Schweiz wird seit mehr als hundert Jahren von Biologen sorgfältig untersucht. Bis etwa 1900 war der See sehr klar, dann wurde das Wasser immer trüber. Gleichzeitig verminderte sich der Sauerstoffgehalt in der Tiefenzone. Der Seeboden wies vor 1900 keine Schlammablagerungen auf, später entwickelte sich Faulschlamm. Auffällig war die Ausbreitung von Algen. Bei windstillem Wetter bildete sich oft auf dem See eine dicke, zähe, gelbgrüne Algendecke, die sogar das Röhricht am Ufer erstickte. Die absterbenden Algenmassen faulten am Ufer; ihr Gestank verpestete im Sommer die ganze Gegend. Etwa 1960 war die Belästigung so stark und der wirtschaftliche Verlust z. B. im Tourismus so hoch, dass Gegenmaßnahmen unvermeidlich waren.
a) Erläutere die im Text beschriebenen Veränderungen des Sees. Gehe auf mögliche Ursachen dieser Veränderungen ein.
b) Welche bautechnischen Maßnahmen waren in den folgenden Jahren unbedingt notwendig, um den See zu sanieren? Begründe.

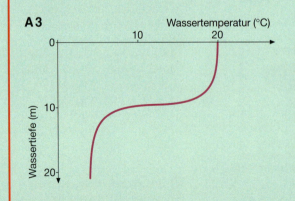

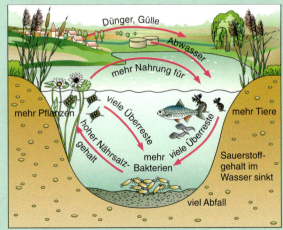

Zusammenhänge im Ökosystem

Auf Sumpfwiesen und am Ufer von Gewässern kann man häufig Sumpfdotterblumen finden.
a) Nenne Umweltfaktoren, die für das Vorkommen von Sumpfdotterblumen bedeutsam sind.
b) Kann man auch den Menschen zu den Umweltfaktoren der Sumpfdotterblume rechnen? Erläutere.
c) Gib den Fachbegriff für diese ökologische Pflanzengruppe an.
d) Wende das Erschließungsfeld „Angepasstheit" auf die Sumpfdotterblume an.

a) Ordne die abgebildeten Tier- und Pflanzenarten in einen Stoffkreislauf des Kohlenstoffs.
b) Begründe, weshalb im Kohlenstoffkreislauf keine Destruenten eingebaut sind.
c) Welchem Lebensraum ist dieser Stoffkreislauf zuzuordnen? Erläutere.

A6 In den aquatischen und terrestrischen Ökosystemen Sachsens kommen viele gefährdete Pflanzen- und Tierarten vor.
a) Benenne die Lebewesen und gib ihren Lebensraum an.
b) Wende auf die Organismen die einzelnen Erschließungsfelder an:
→ Auf A die Erschließungsfelder „Struktur und Funktion" und „Information",
→ auf B das Erschließungsfeld „Stoff und Energie"
→ auf C das Erschließungsfeld „Angepasstheit"
→ auf D das Erschließungsfeld „Fortpflanzung".

Zusammenhänge im Ökosystem

Vernetze dein Wissen

Zusammenhänge im Ökosystem

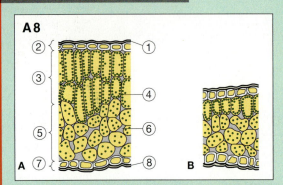

A 8

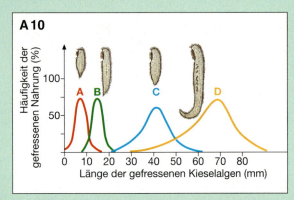

A 10

Die Abbildung A zeigt einen Querschnitt durch ein Laubblatt, das der Südseite der Baumkrone einer Buche entstammt. Die Südseite ist dem Sonnenlicht besonders ausgesetzt. Man spricht hier auch von einem „Sonnenblatt". Der Querschnitt in Abbildung B gehört zu einem „Schattenblatt". Man findet es im Innern der Baumkrone und auf der sonnenabgewandten Seite einer Buche.
a) Ordne den Ziffern in der Abbildung A die richtigen Begriffe zu.
b) Nenne die Unterschiede zwischen den beiden Blattformen. Erläutere, inwiefern die „Sonnenblätter" an ihre Lage im südlichen Bereich der Baumkrone gut angepasst sind.
c) Bei dem Mauerpfeffer ist die Struktur 1 wesentlich dicker als beispielsweise bei der Sumpfdotterblume. Erkläre diesen Unterschied.
d) Welche Erschließungsfelder treffen auf Abbildung B zu? Begründe.

Im sandigen Meeresboden leben viele Organismen, darunter vier Arten (A, B, C, D) der Wimpertierchengattung Remanella. Diese vier Arten leben nebeneinander und ernähren sich von Kieselalgen. In einer Untersuchung wurde die Größe der Kieselalgen bestimmt, die von diesen Wimpertierchen gefressen werden.
a) Erläutere das in der Abbildung dargestellte Ergebnis.
b) Erkläre den zugrunde liegenden Sachverhalt.

A 11

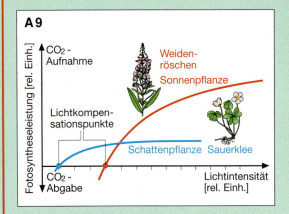

A 9

a) Erläutere den dargestellten Sachverhalt.
b) Nenne Standortfaktoren, die für den Lebensraum von Weidenröschen und Sauerklee maßgeblich sind.

An verschiedenen Stellen des Körpers eines Schlittenhundes wurden folgende Temperaturen gemessen (jeweils in °C): 37 – 33 – 14 – 8 – 0.
a) Ordne den Messpunkten A bis E in der Abbildung die entsprechenden Temperaturwerte zu.
b) Erläutere diese Messwerte und die Bedeutung der Temperaturunterschiede für den Wärmehaushalt des Schlittenhundes.

Zusammenhänge im Ökosystem

a) Ein Bahndamm kann als „Lebensraum aus zweiter Hand" bezeichnet werden. Erläutere diesen Begriff und nenne weitere Beispiele.
b) Erläutere die abiotischen Faktoren, die den Lebensraum „Bahndamm" kennzeichnen.
c) Überlege, wie sich nach einer Stilllegung der Bahnstrecke der Bahndamm im Lauf der Zeit verändern würde, und begründe. Nutze das Erschließungsfeld „Zeit".

A 14 Biologen bestimmen die Häufigkeit von Zecken in einem bestimmten Lebensraum mit Hilfe eines 1 m^2 großen Streifbrettes, das mit einem weißen Tuch bezogen ist. Dabei wird das Brett langsam durch die Vegetation, z. B. über den Rasen, gezogen. Danach werden die sich am Tuch festklammernden Zecken gezählt.
a) Erläutere die Lebensraumansprüche der Zecke mithilfe der Abbildung.
b) Was könnte sich ändern, wenn anstatt des weißen Tuches ein dunkles Tuch oder ein bereits länger benutztes Unterhemd verwendet werden würde?
c) Wie kann man sich vor Zecken schützen?
d) Ordne Zecken systematisch und ökologisch so exakt wie möglich ein.

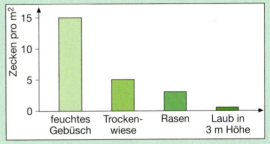

Ein Flaschengarten besteht aus einem fest verschlossenen Glasballon, der etwas feuchte Erde und grüne Pflanzen enthält.
Erläutere, warum die Pflanzen auch ohne Wasser- und Luftzufuhr von außen gedeihen können.

a) Erläutere, warum der Eimer mit den Lackresten nicht in den Gully entleert werden darf.
b) Überlege, wie diese Lackreste ordnungsgemäß entsorgt werden müssen.
c) Nenne weitere Stoffe, die Grundwasser oder Gewässer gefährden können.

Register

Fette Seitenzahlen weisen auf ausführliche Behandlung im Text oder auf Abbildungen hin;
f. = die folgende Seite; ff. = die folgenden Seiten.

A

Achäne 50
Acker-Wachtelweizen 37
Acker-Rittersporn 121
ADP 24, 29
Adlerfarn 67
Ahorn 51
Alge **6,** 73
Algenblüte 93
alkoholische Gärung **38 f.**
ALLENsche Regel **122**
Alpenmurmeltier 123
Ameisenfrucht **52**
Angepasstheit 25
Antheridium 63, 65
Apfel 49
aquatisches Ökosystem 71
Archegonium 65
Art **54**
Atemhöhle 20
ATP 24, **29**
Augentrost 37
autotroph 35

B

Bau der Sprossachse 13
Baustoffwechsel 29
Bedecktsamer **9**
Befruchtung 45
BERGMANNsche Regel **122**
Berberaffe 128
Bestäubung **45**
Bestimmungsschlüssel 9, 58
Biber 97
Bier **40 ff.**
Biodiversität **124**
Biomasse **134**
Biosphäre **70**
Biosphärenreservat **96**

Biozönose **70 f.**
Bitteres Schaumkraut 120
Blumenwiese **108**
Blüte **8**
Blütengrundriss **8**
Blütenschicht **112**
Bodenschicht **112**
Breitblättriger Rohrkolben 79
Brombeere 49
Brot **40**
Bruchwald 91
Brunnenlebermoos 66
Buschwindröschen 12

C

Carotinoid 23
Chlorophyll **6,** **22 f.**
Chloroplast 20, **23**
Citronensäure 40
Cuticula **20**

D

Dattelpalme 31
Darmbakterium 38
Demutsverhalten **128**
Destruent **89,** 134, 137
dichteabhängiger Faktor **130**
dichteunabhängiger Faktor **130**
Dickenwachstum **14 f.**
Diffusion **11**
Drohverhalten **128**

E

Efeu 114
Einkeimblättrig **9**
einkeimblättrige Pflanze 13
Einzeller 80
Eisvogel 97
Embryo 45

Embryosack 44
Endkonsument 137
Energiepyramide 136
Energiestoffwechsel **29**
Erbse 49
Erdnuss 19
Erdbeere 49
Erdspross 64
Erlenbruchwald 72
Erschließungsfeld **25**
– Angepasstheit 125, 127
– Fortpflanzung 25, 53
– Stoff und Energie 25
– Struktur und Funktion 25, 84
– Vielfalt 25
– Wechselwirkung 25, 35
– Zeit 91
euryök **115**
Exkursion **98**

F

FAD 32
Faktor, biotischer **124 f.**
Familie **54**
Farn **64**
Farnpflanze **6**
Faulbaum 79
Festigungsgewebe 20
Feuchtezeiger 120
Feuchtpflanze **78,** 119
Feuchtwiese 95
Flachmoor 90
Flachmoortorf 91
Flechte **6**
Fliegenpilz 68
Flugfrucht **50**
Fluss-Seeschwalbe 84
Forelle 115
Fortpflanzung 25

– geschlechtliche **44**
Fortpflanzungsstrategie **133**
Fortpflanzungszelle 80
Fotosynthese **22 ff.** 35, 134 f.
Fotosystem **23**
Fotosystem I 23
Fotosystem II 23
Fototropismus **18**
Fremdbestäubung **46**
Froschlöffel 79
Frucht **45**
Fruchtblatt 44
Fruchtknoten 44
Fruchtkörper 68
Frühblüher 116
Frühholz 14
Frühjahrsaspekt 116
Frühjahrszirkulation 74

G

Gänseblümchen 19
Gärung, alkoholische **38**
Gärungsprozess 41
Gefäß 15
Gefleckte Taubnessel 8
Gegenstromprinzip 122
Gemeiner Queller 121
Generation, geschlechtliche 63
– ungeschlechtliche 63
Generationswechsel 63, 65
Genussmittel 30
Geotropismus **18**
Gerste 42
geschlechtliche Fortpflanzung **44**
– Generation 63

Gewächs, immergrünes 117
Giersch 121
Gleichgewicht, ökologisches **135**
gleichwarmes Tier **122**
Glucose **29**
Glykolyse 32
Guttation 17
Grana **23**
Granathylakoide 23
Griffel 44
Große Brennnessel 121

H

Habicht 124
Halbschmarotzer **36 f.**
Hartholz 14
Hasel 47
Haubentaucher **84 f.**
Hecheln 122
Hefe 38, **40**
Heidekraut 121
Heilpflanze 30
Herbarium **59**
Herbstzirkulation 74
heterotroph **35**
Hitzeschock 122
Hochmoor 91
Hochstand, erster 108
– zweiter 108
Holz 14
Holzzelle **14**
Hopfen 43
Hornzahnmoos 66
Hydrokultur 16
Hygrophyt 119
Hyphe 68

I

immergrünes Gewächs 117

Register

Imponierverhalten **128**
Individuum **70**
Insektenbestäubung **46**

K

Kalkzeiger 120
Kältestarre **123**
Kaktus 12
Kambium 14
Kanadische Goldrute 121
Karpfen 115
Käse **40**
Karthäusernelke 121
Kelchblatt 44
Kiefer **14 f.**
Kirche 44
Kleiner Sauerampfer 121
Kohlenstoffdioxid **28 ff.**
Konkurrenz 84, **124**
Konkurrenzausschluss **124**
Konkurrenzvermeidung 125
Konsument **89**, 134
Konsument 1. Ordnung 136 f.
Konsument 2. Ordnung 136 f.
Korbblütengewächs 55
Körperzelle 80
krautige Sprossachse 12
Krautschicht 72, **112**
Kronblatt 44
K-Selektion 133
Kuhschelle 121
kutikuläre Transpiration 20

L

Lamelle 68
Landschaftsschutzgebiet 96

Laubblatt **8, 20 f.**
Lebermoos 6
Leitgewebe 10, **20**
Licht 18, 75, **116**
lichtabhängige Reaktion 24
Lichtblatt 118
Lichtintensität 28
lichtunabhängige Reaktion 24
Lipid 23
Lockfrucht **52**
Löwenzahn **50 f.**

M

Mälzen 43
Mammutbaum 7
Mauerpfeffer 114
Markhöhle 13
Markstrahl 15
Mauerraute 67
Mesophyt 119
Milchsäurebakterium 38
Milchsäuregärung **38**
Mimose 18
Mistel 36
Mitochondrium **33**
Modellrechnung 100
Mohngewächs 54
Moos **6, 62**
Mycel 68

N

Nacktsamer **9**
NAD^+ 32
$NADPH^2$ 24
Nahrungsbeziehung 88
Nahrungskette **88**, 113
Nahrungsnetz **88**, 113
Nahrungspyramide **89**, 136
Nationalpark **96**
Naturschutz **96**
Naturschutzgebiet **96**
Nektar 46

Nesselseide 36
Nestwurz 37

O

obere Epidermis **20**
Ökologie **70**
ökologische Nische 84, **124**
– Potenz **114**
ökologisches Gleichgewicht 135
Ökosystem **70**, 71
– aquatisches 71
– terrestrisches 71
Oleander 119
organischer Stoff 22
Osmose **11**

P

Palisadengewebe **20**
Palisadenzelle **23**
Parasitismus **125**
Pelagial 73
Penicillin **40**
Pflanze, einkeimblättrige 13
– zweikeimblättrige 13, 45
Pflanzenstoff., sekundärer **29**
Phosphatgehalt 105
pH-Wert 75
Phytoplankton 80
Pilz **40, 68**
Pinguin 122
Pionierpflanze 62
Plankton 80
Pollenblüte 47
Population 70, **70**, **130**
Potenz, ökologische **114**
Potometer 17
Produktivität 134
Produzent 22, **89**, 134, 136 f.

R

Rafflesia 7
Rangordnung **128**
Räuber-Beute-Beziehung **125**
Reaktion, lichtabhängige 24
– lichtunabhängige 24
Reiherente 84
Renaturierungsmaßnahme 97
Rhizodermis 10
Rindenzelle **14**
Rippenfarn 67
Rittersporn 49
Röhrichtzone 72
Rote Liste **95**
r-Selektion 133
Ruellia 119

S

Salweide 47
Samen **8**, **45**
Samenanlage 44
Samenpflanze **6**
Sauerstoff **29 ff.**
Sauerstoffbestimmung 76
Sauerstoffgehalt 105
Sauerstoffmangel 93
Sauerteig **40**
Scharbockskraut 53
Scharfer Hahnenfuß 110
Schattenblatt 118
Schattenpflanze 116
Schilfrohr 79
Schirmflieger 50
Schlamm 90
Schleuderfrucht **52**
Schließzelle 21
Schöllkraut 114
Schopfflieger 50
Schulteich 106
Schuppenwurz 37
Schwammgewebe **20**, 21
Schwarzerle 79

Schwarzer Holunder 120
Schwimmblattpflanzenzone 72
Schwimmsamen **52**
Schwingrasen 90
See **72**
Segelflieger 51
Seitenspross 14
sekundärer Pflanzenstoff **29**
Selbstregulation **130**
Sichttiefe 104
Siebröhre 15
Silberbirnmoos 66
Sommeraspekt 117
Sommerstagnation 74
Sommerwurz 37
sozialer Verband **128**
Spaltöffnung **20**
Sparriges Torfmoos 66
Sperber 124
Spermazelle 44
Sporen 62, 64, 68
Sporenpflanze 65
Sporenständer 68
Sporenträger 63
Spross **8**
Sprossachse **8**, **12 f.**
– Bau **13**
– krautige 12
– verholzte 12
Stachelbeere 49
Ständerpilz 68
Stängelepidermis 13
Staubblatt 44
Steinfrucht **45**
Steinnelke 46
stenök **115**
Stickstoffzeiger 120
Stockente 84
Stoff, anorganischer 22
– und Energie 25
– organischer 22
Stoffkreislauf **89**, 137
Stofftransport **10**
Strauchschicht 72

Register

Streckungszone **10**
Streufrucht **51**
Stroma **23**
Stromathylakoide 23
Struktur und Funktion 25
Sukkulente 119
Süßgras 55
Symbiose **126**

T

Tagfalterblume 46
Tauchblattpflanzenzone 73
Teichrohrsänger 85
Temperaturoptimum **123**
Temperaturtoleranz 115
terrestrisches Ökosystem 71
Thylakoide **23**
Tiefenalgenzone 73
Tiefenboden 72
Tier, gleichwarmes **122**
– wechselwarmes **123**
Toleranzkurve **123**

Transpiration **12**, **20 f.**
Transpirationssog **12**
Traubenzucker 32
Treber 43
Trockenmauer 114
Trockenpflanze 119
Trollblume 121
Tropismus **18**
Tüpfelfarn 67
Türkenbundlilie 120

U

Überdüngung **92 f.**
Uferzone 72
Umweltfaktor, abiotischer **70**, **114**
– biotischer 71
ungeschlechtliche Generation 63

V

Veilchengewächs 55
Verband, sozialer **128**

Verlandung 90
Victoria 7
Vielfalt 25
Vielzeller 80
Vollschmarotzer **36 f.**
vorholzte Sprossachse 12
Vorkeim 64

W

Wald **136 f.**
Waldrebe 12
Walnuss 49
Wärmeaustausch 122
Wasseraufnahme **11**
Wasserdruck 17
Wassergüte 75, 104
Wasserhahnenfuß 79
Wasserleitung 17
Wasserpflanze **78**
Wassertrübung 75
Wasseruntersuchung 102, 104
Wasserverdunstung 16

wechselwarmes Tier **123**
Weichholz 14
Wein **40**
Weißmoos 66
Wiese 111, **112**
Wiesenbocksbart 110
Wiesenkerbel 110
Wiesenklee 110
Wiesen-Margerite 110
Wiesenstorchschnabel 110
Wildgras 109
Windbestäubung **47**
Winterruhe 123
Winterschlaf **123**
Winterstagnation 74
Wurmfarn 67
Würze 43
Wurzel **8 f.**, 64
Wurzeldruck 17
Wurzelhaarzelle 10
Wurzelhaarzone **10**
Wurzelhaube 10
Wurzelrinde 10
Wurzelschicht **112**

Wurzelspitze **10**
Wurzelsystem 10

X

Xerophyt 119

Z

Zeigerpflanze **120**, 121
Zellatmung **33 ff.**
Zellkolonie 80
Zellteilungszone **10**
Zellulose 29
Zentralzylinder 10
Zimbelkraut 114
Zottiger Klappertopf 37
Zooplankton **86**
Zucker 22
Zuckerrohr 12
Zuckerrübe 22
zweikeimblättrig **9**
zweikeimblättrige Pflanze 13, 45
zweiter Hochstand 108
Zwergwasserlinse 7
Zwitterblüte 45

Bildquellen

Umschlag: Dr. Jeremy Burgess/SPL/Agentur Focus, Hamburg; vorderer Vorsatz Wildblumenwiese: Mehlig/Mauritius, Mittenwald; vorderer Vorsatz vierjähriger Pfeifenstrauch: Lieder, Ludwigsburg; vorderer Vorsatz Sonnentau: Starke, Leipzig; vorderer Vorsatz Brutblatt: Schroedel Archiv; vorderer Vorsatz Blattzellen: Schroedel Archiv; vorderer Vorsatz Keimung Erbsen: Tegen, Hambühren; vorderer Vorsatz Kolibri: Stan Osolinski/OSF/Okapia, Frankfurt; vorderer Vorsatz See: Nationalpark Harz, St. Andreasberg; 6.1: Greiner + Meyer, Braunschweig; 6.1 A: Vock/Okapia, Frankfurt; 6.1 B: Schremmp/Greiner + Meyer, Braunschweig; 6.1 C: Dr. Pott/Okapia, Frankfurt; 6.1 D: Hanneforth/Silvestris, Kastl; 6.1 E: Prenzel/Silvestris, Kastl; 7.2 A: fm/Mauritius, Mittenwald; 7.2 B: Compost/Okapia, Frankfurt; 7.2 C: Dr. Pott/Okapia, Frankfurt; 7.2 D: Naroska F./Silvestris, Kastl; 8.1 A, E: Schroedel Archiv; 11 rechts: Tegen, Hambühren; 12.1: Starke, Leipzig; 12.2: Fritz Prenzel/Okapia, Frankfurt; 12.3: Starke, Leipzig; 12.4: Photononstop/Mauritius, Mittenwald; 14.1 B: Lieder, Ludwigsburg; 18.1 A-C: Schroedel Archiv; 19.1: Schroedel Archiv; 19.4: Reinhard/Okapia, Frankfurt; 21 A 3 A, B: Prof. Wanner/Karly, München; 22.1 A: Vock/Okapia, Frankfurt; 22.1 B: Soder/Okapia, Frankfurt; 22.1 C: Helbing/Okapia, Frankfurt; 22.1 D: Schroedel Archiv; 23.2: eye of science, Reutlingen; 23.3 A: eye of science, Reutlingen; 26 V 3: Prof. Dr. Weber, Reutlingen; 27 V 5: Tegen, Hambühren; 28.1: Reinhard/Okapia, Frankfurt; 29.1 B: NAS/Biophoto Associates/Okapia, Frankfurt; 29.1 C: eye of science, Reutlingen; 29.1 D: Layer/Greiner + Meyer, Braunschweig; 30.1 A: A. N. T./Silvestris, Kastl; 30.1 B: Heine/Silvestris, Kastl; 30.1 C: Mallwitz/Wildlife, Hamburg; 31.1: Dr. Schmid/Okapia, Frankfurt; 31.2: Marco Polo Film/Okapia, Frankfurt; 31.3: Dobers, Waldsrode; 32.1 A: Prof. Dr. Weber, Reutlingen; 33.2 A: aus: Hans Kleinig und Uwe Maier, Zellbiologie, 4. Aufl., Spektrum Akademischer Verlag, Heidelberg, Berlin, 1999; 34 V3 unt.: Dr. Philipp, Berlin; 35.1 A: IMA, Bonn; 35.1 B: Helbing/Naturbild/Okapia, Frankfurt; 35.1 C: Danegger/Silvestris, Kastl; 36.1 A: Prof. Dr. Weber, Reutlingen; 36.1 B: Tierbildarchiv Angermayer, Holzkirchen; 36.1 C: Prof. Dr. Weber, Reutlingen; 36.2 A: Prof. Dr. Weber, Reutlingen; 37.1: Alberti/Silvestris, Kastl; 37.2–6: Prof. Dr. Weber, Reutlingen; 38.1 C: Scharf, Arnold Inc./Okapia, Frankfurt; 39.1 C: Hapo/Okapia, Frankfurt; 39.1 D: Foodpix/Mauritius, Mittenwald; 40.1: Volker Minkus, Isernhagen; 40.2: Michler/Xeniel-Dia, Neuhausen; 40.3: Vock/Okapia, Frankfurt; 40.4: Väth, Bellenberg; 41 V 3: Dr. Kampf, Leipzig; 42.1 A: Starke, Leipzig; 42.1 B: Foodpix/Mauritius, Mittenwald; 44.2: Schroedel Archiv; 46.1: Struck/Silvestris, Kastl; 47.5: Schroedel Archiv; 49.6: Silvestris, Kastl; 50.1 A, B: Dobers, Waldsrode; 50.1 Insert: Tönnies, Laatzen; 50.2 A: Dobers, Waldsrode; 50.2 B: Schroedel Archiv; 50.2 C: Dobers, Waldsrode; 51.1 C, D: Dobers, Waldsrode; 51.4 A: Kuchelbauer/Silvestris, Kastl; 51.4 C: Dobers, Waldsrode; 52.5, 6: Dobers, Waldsrode; 52.6 Insert: Schroedel Archiv; 52.8: Tönnies, Laatzen; 53.1–3: Schroedel Archiv; 54/55: Grzimek/Okapia, Frankfurt; 54.1 A: Günter/Okapia, Frankfurt; 54.1 B: Soontag/Okapia, Frankfurt; 58 li., Mi.: Starke, Leipzig; 58 re.: Schroedel Archiv; 59 A-D: Starke, Leipzig; 60 A 4: Schroedel Archiv; 61 A 10: Pforr/Silvestris, Kastl; 61 A 11: Dr. Philipp, Berlin; 61 A 12: Randler, Bietigheim-Bissingen; 62.1 A: Skibbe/Silvestris, Kastl; 62.1 B: Tönnies, Laatzen; 63.1: Meyer/Greiner + Meyer, Braunschweig; 64.1 B: Prof. Dr. Weber, Reutlingen; 66.1: Wellinghorst, Quakenbrück; 66.2: Prof. Dr. Weber, Reutlingen; 66.3: Vock/Okapia, Frankfurt; 66.5: Skibbe/Silvestris, Kastl; 66.6: Prof. Dr. Weber, Reutlingen; 67.1–3: Schroedel Archiv; 67.4: Tönnies, Laatzen; 67.5: Prof. Dr. Weber, Reutlingen; 68.1: Essler/Silvestris, Kastl; 69: Dobers, Waldsrode; 70.1: NASA/OSF/Okapia, Frankfurt; 70.1 A: Tönnies, Laatzen; 70.1 B: Thonig/Mauritius, Mittenwald; 72/73: Wellinghorst, Quakenbrück; 74.1 A, C, D: Greiner/Greiner + Meyer, Braunschweig; 74.1 B: Meyer/Greiner + Meyer, Braunschweig; 75.1: Rogge; 76.1: Okapia, Frankfurt; 77 V 4: Simper, Wennigsen; 77 V 5: Tegen, Hambühren; 79.1: Prof. Dr. Weber, Reutlingen; 79.2: Dr. Philipp, Berlin; 79.3: Reinhard/Okapia, Frankfurt; 79.4: Tönnies, Laatzen; 79.5: Wellinghorst, Quakenbrück; 80.1 A: Birke/Mauritius, Mittenwald; 80.1 B: Mathias, Reutlingen; 82 V 2: Beuck, Helvesiek; 83 V 5 li.: Lichtbildarchiv Dr. Keil, Neckargemünd; 83 V5 re.: Väth, Bellenberg; 85.1: Dr. Philipp, Berlin; 85.2: Arndt/Silvestris, Kastl; 87 V 1, V 2: Dobers, Waldsrode; 87 V 3: Beuck, Helvesiek; 87 V4: Lenz/Silvestris, Kastl; 90.1: Nationalpark Harz, St. Andreasberg; 91.3: Schroedel Archiv; 91.3 Kreis: Starke, Leipzig; 92.1: Kuhn/Okapia, Frankfurt; 92.2: Dr. Philipp, Berlin; 92.3: Grzimek/Okapia, Frankfurt; 93.6: Fabian, Hannover; 93.7: Schmidt/Silvestris, Kastl; 93.8: Dr. Philipp, Berlin; 94.1 A: Wellinghorst, Quakenbrück; 95.1: Thielscher/Silvestris, Kastl; 95.1 Kreis: Tierbildarchiv Angermayer, Holzkirchen; 96.1: Walz/Silvestris, Kastl; 96.3: Reinhard-Tierfoto, Heiligkreuzsteinach; 97.1: Schunke Gewässerökologie, Offenbach; 97.2: FLPA/Silvestris, Kastl; 97.3: Schulz/Silvestris, Kastl; 97.4: Niedersächsisches Landesamt für Ökologie, Hildesheim; 98.1 A–D: Wellinghorst, Quakenbrück; 100.1: Freundner-Huneke, Neckargemünd; 101.1: Freundner-Huneke, Neckargemünd; 105 V 7: Tegen, Hambühren; 105 V 8: Hanna Instruments, Kehl; 106.1: Wellinghorst, Quakenbrück; 106.2, 3: Mathias, Reutlingen; 107.4–6: Mathias, Reutlingen; 108.1 A: Wellinghorst, Quakenbrück; 108.1 B: Pfletschinger/Tierbildarchiv Angermayer, Holzkirchen; 110.1, 2: Tönnies, Laatzen; 110.3: Wellinghorst, Quakenbrück; 110.4: Irsch/Silvestris, Kastl; 110.5: Wellinghorst, Quakenbrück; 110.6: Dr. Philipp, Berlin; 111 V 1: Dobers, Waldsrode; 111 V 2: Schroedel Archiv; 114.1 A: Wellinghorst, Quakenbrück; 114 Mauerpfeffer: Schroedel Archiv; 114 Efeu: Prof. Dr. Weber, Reutlingen; 114 Zimbelkraut: Schroedel Archiv; 114 Schöllkraut: Prof. Dr. Weber, Reutlingen; 115.3 A, B: Christen/Okapia, Frankfurt; 116.1: Tönnies, Laatzen; 117.3: Tönnies, Laatzen; 119.1 A: Ruckszio/Okapia, Frankfurt; 119.1 B: Lieder, Ludwigsburg; 119.2 A: Nikolaus/Okapia, Frankfurt; 119.2 B: Prof. Dr. Weber, Reutlingen; 120.1: Starke, Leipzig; 120.1 A: Starke, Leipzig; 120.1 B: Heppner/Silvestris, Kastl; 120.1 C: Tönnies, Laatzen; 123.4 A: Essler/Okapia, Frankfurt; 123.4 C: Arndt/Okapia, Frankfurt; 124.1 A: Thielscher/Greiner + Meyer, Braunschweig; 124.3 A: Wendel/Tierbildarchiv Angermayer, Holzkirchen; 125.4 A: Dr. Philipp, Berlin; 125.4 C: Förster/Okapia, Frankfurt; 126.7 A: Tierbildarchiv Angermayer, Holzkirchen; 126.8 C: Pfletschinger/Tierbildarchiv Angermayer, Holzkirchen; 126.8 B: Bruemmer/Okapia, Frankfurt; 126.8 C: Birke/Okapia, Frankfurt; 126.8 D: Ziesler/Tierbildarchiv Angermayer, Holzkirchen; 126.9 A: Hecker/Okapia, Frankfurt; 128.1 A–C: Günnigmann/Tierpark, Rheine; 128.2: Kruse, Wankendorf; 129.1: Ziesler/Tierbildarchiv Angermayer, Holzkirchen; 129.2 li.: Tierbildarchiv Angermayer, Holzkirchen; 129.2 re.: Lehmann/Silvestris, Kastl; 129.3: Reinhard-Tierfoto, Heiligkreuzsteinach; 129.4: Walz/Silvestris, Kastl; 130.1: Laub/Okapia, Frankfurt; 130.2: Wernicke/Okapia, Frankfurt; 130.2 Kreis: Förster/Natur im Bild/Okapia, Frankfurt; 132.7 A: NAS A. Carey/Okapia, Frankfurt; 133.1: Wrobel/Okapia, Frankfurt; 133.2: Hartl/Okapia, Frankfurt; 135.2: Stefanovic/Okapia, Frankfurt; 138 A 2 A: NAS/Eisenbeiss/Okapia, Frankfurt; 138 A 2 B: Pfletschinger/Tierbildarchiv Angermayer, Holzkirchen; 138 A 2 C: Martinez/Silvestris, Kastl; 138 A 2 D: Pfletschinger/Tierbildarchiv Angermayer, Holzkirchen; 139 A 6 A: Schulz/Silvestris, Kastl; 139 A 6 B: Wellinghorst, Quakenbrück; 139 A 6 C: Tierbildarchiv Angermayer, Holzkirchen; 139 A 6 D: Reinhard/Tierbildarchiv Angermayer, Holzkirchen; 139 A 7: Prof. Dr. Weber, Reutlingen; 140 A 11: Reinhard/Mauritius, Mittenwald; 141 A 12: Pelka/Okapia, Frankfurt; 141 A 13: Schroedel Archiv; 141 A 15: Volker Minkus, Isernhagen

ZEIGERPFLANZEN

Manche Pflanzen wachsen bei ganz bestimmten Bedingungen. Sie haben für einen Umweltfaktor einen engen Toleranzbereich. Aus ihrem Vorkommen kann man auf Bodeneigenschaften wie den pH-Wert, den Nitrat- oder Salzgehalt schließen. Andere Pflanzen zeigen Licht, Trockenheit oder Feuchtigkeit an. Man bezeichnet diese Pflanzen als Zeigerpflanzen.

- **N** Stickstoffzeiger
- 🔴 Säurezeiger
- 🔵 Kalkzeiger
- 💧 Feuchtezeiger
- ✖ Trockenheitszeiger
- ☀ Lichtzeiger
- ⚫ Schattenzeiger
- **NaCl** Salzzeiger

Große Brennnessel
N

Gemeine Küchenschelle
🔵

Heidekraut
🔴 ☀

Trollblume
💧

Kanadische Goldrute
N ☀